「星星的故鄉」連續劇在台灣播出賺了不少 觀眾的眼淚

由申相玉導演、申榮均與崔銀姬主演的「紅巾特工隊」，是戰後台灣的第一代韓流電影

사람 | '5·18'-'2·28 학살' 교류 앞장 대만 언론인 주리시

"광주항쟁 정신도 과거 청산도 부럽습니다"

2007. 5. 19. 한겨레

그의 서재에는 낡은 방독면이 있다.

1987년 6월, 대만의 유력지인 〈연합보〉의 서울 특파원이었던 주리시(54)씨는 연일 계속되는 민주화 운동의 현장을 지켜보았다.

매운 최루탄 가스가 터지는 시위 현장에서 그는 방독면을 쓰고 조국 대만의 미래를 탐색했다. 당시 대만은 국민당 독재 아래서 언론의 자유가 제한되던 시절. 그는 대만의 지하 언론 잡지에 필명으로 한국을 소개했다. 민주화되는 한국을 촘촘히 살피며 행간의 의미를 담아 송고했다. 당시 그에게서 한국의 민주화 과정을 학습하던 청년 민진당 당원 천수이볜은 세월이 흘러 총통이 됐다.

대만 언론계와 학계에서 최고의 '한국통'으로 꼽히는 주씨가 18일 광주에서 벌어진 5·18 기념행사에 참가했다. 그리고 '5·18 기념재단'과 업무교류 비망록을 체결했다. 그가 속한 단체는 '2·28사건 기념기금회'. 이 단체는 1947년 2월 28일 시작된 국민당의 대만인에 대한 학살 사건의 진상 규명과 책임자 처벌, 피해 보상을 추구하고 있다.

당시 중국 본토에서 공산당에 밀려 온 국민당은 대만 본토인들을 무시했다. 경찰관이 담배 파는 노파를 구타하는 것에 항의하는 대만인들에게 무차별 사격을 하면서 전국적으로 반정부 시위가 벌어졌다. 계엄령까지 선포되며 결국 2만8천여명의 대만인들이 사망한 사건이 2·28 사건이다. 국가 권력이 자행한 폭력이라는 점에서 대만인들은 한국의 5·18을 대만의 2·28 사건과 비교하곤 한다.

"한국은 5·18을 대통령까지 사법처리하며 15년 만에 '과거 청산'했어요. 반면 대만은 사건 발생 60년이 지난 지금도 주모자가 누군지조차 밝혀내지 못하고 있어요. 대만인들이 한국에 대해 부러움을 느끼는 부분입니다."

대만 정부는 사건 발생 48년 만인 1995년 리덩후이 총통이 국가 수반으로는 처음으로 희생자 가족에 사죄의 뜻을 표시하고, 관련 피해자 2천여명에게 금전 보상을 했을 뿐, 아직 사건의 진상은 밝혀지지 않은 형편이다.

주씨가 5·18과 2·28을 연결시키는 구실을 하게 된 것은 한국에 대한 남다른 애착 때문이다. 대만 정치대의 한국어학과에 입학하며 한국과 인연을 맺은 주씨는 졸업 후 신문사에 사진기자로 입사해 1년 만에 사진부장에 오르는 뛰어난 능력을 보였다. 취재기자로 변신한 그는 해박한 국제 감각으로 85년부터 3년간 서울주재 특파원을 지냈다. 당시 그는 〈한겨레신문〉 창간 과정을 취재하며 고 송건호 사장을 인터뷰해, 대만 언론의 민주화에 길잡이를 제시하기도 했다.

한국 관련 책을 11권 쓰기도 한 그는 신문사 논설위원과 국영 텔레비전 방송국 부사장을 역임한 뒤 지금은 대학에서 한국과 신문학을 가르치고 있다.

'대만인의 마음, 한국인의 정'(臺灣心·韓國情)이란 자신의 사이트(www.rickchu.net)를 운영하며 대만인들에게 한국에 대한 이해를 넓히고 있는 주씨는 "한국의 과거 청산 모델을 배워 2·28 사건에 대한 진상 규명을 앞당기고 싶다"고 말했다.

글·사진 이길우 기자 nihao@hani.co.kr

1987년 민주화 현장 취재보도한 특파원 출신 '한국통'
60년 전 2만8천명 희생된 '2·28학살' 진상규명 앞장

2018.5.「 韓民族新聞 」以半版的篇幅報導朱立熙

申榮均主演的「 淚的小花 」是第一代韓流的續劇

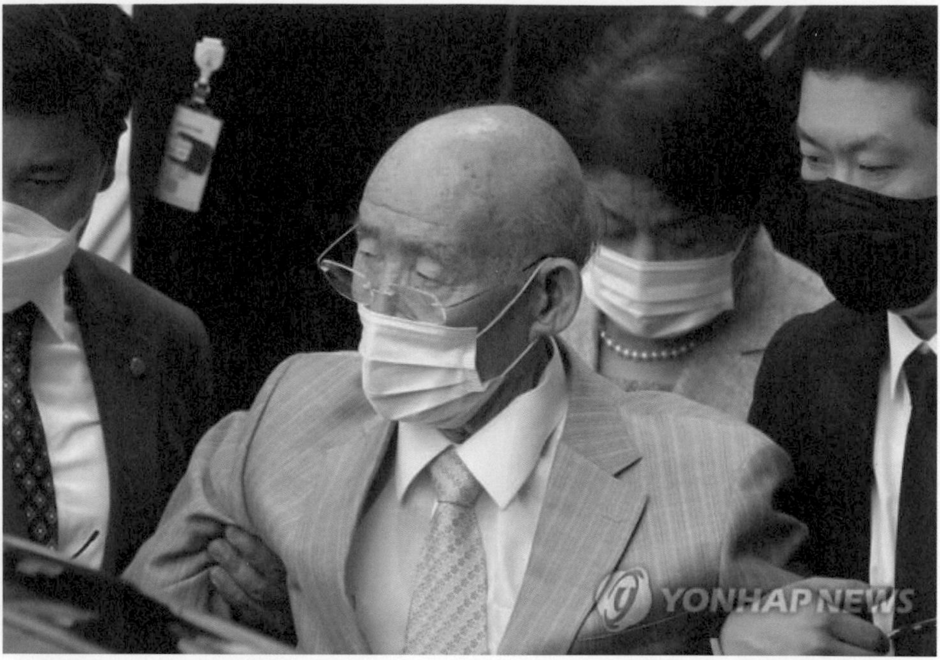

全斗煥因誹謗罪到光州出庭

光州人塑造全斗煥下跪被關在牢籠的雕像

全斗煥是朴正熙的義子在青瓦臺與他們夫婦合照

내一生 祖國과
民族을爲하여
1974. 5. 20.
大統領 朴正熙

朴正熙：「我的一生是為了祖國與民族。」三個月後第一夫人陸英修遇刺死亡

狼狽為奸的一代梟雄：全斗煥（右）與盧泰愚
3124
1996. 3. 11

1996 年 3 月全斗煥與盧泰愚被判重刑

1961.5.16. 朴正熙軍事政變的同夥們

朴正熙死後繼續獨裁：他的墓地在首爾顯忠院佔據了最高最大的位置

跳懸崖自殺的盧武鉉葬在故鄉的墓地

時報出版

SOUTH KOREA

這才是真正的韓國

朱立熙——著

代序：從「哈韓」、「反韓」到「知韓」半世紀

嚴格來說，我應該可算是戰後「嬰兒潮世代」當中，第一代的「哈韓族」。小學時代，在台灣大賣座的韓國電影「紅巾特攻隊」（빨간 마후라，講韓戰空戰英雄的故事）是啟蒙我的第一部韓流電影，男主角申榮均因此片成為「亞洲影展」的影帝，讓我崇拜不已，因而成為我的偶像。現已九十四高齡的申榮均一生，幾乎就是一部韓國電影百年史，在韓國影壇的地位無人可以匹敵。

後來唸初中時，韓國電影「淚的小花」（미워도 다시 한번）三部曲，在台灣上映時賺了不少人的熱淚，轟動的程度不下於「梁山伯與祝英台」，仍是由申榮均擔綱的這部電影主題曲，現在KTV的歌本上已經找不到了，但是我還是能夠哼出它的曲調。

到我唸大學時，以作家崔仁浩的小說改編的電影「星星的故鄉」（별들의 고향），再度席捲台灣的電影票房。當時正在唸政大東語系韓文組的我，雖然不像現在的哈韓族瘋狂的追星，但是在「韓國文學概論」課裡讀過崔仁浩的作品，所以對他的小說改編成電影，還是感覺很親切。

後來進了報社從攝影記者幹起，我就不再哈韓了。不過我訂閱了韓國報紙與周刊，保持韓文的閱讀能力。四年間在兩大報的新聞攝影工作，在第四年我得了四個獎項，自認已經達到顛峰無法再自我突破，而且沒有運動細胞的我，自認到四十歲時已經沒有體力可以跟年輕人在第一線衝鋒陷陣搶鏡頭（新聞攝影其實是重度的體力工作），於是下定決心放棄新聞攝影，重新拾起韓文到韓國留學。

其實，一九七三年我是誤打誤撞的考進政大東語系韓文組，當年的乙組（文組）一共有一百二十多個科系可以填，我大概填到八十多個就不想再填了。我的成績四一一．二四分正好就是阿拉伯文組的錄取標準，但是聯招會卻陰錯陽差的把我分進了韓文組的第一位。

聯考放榜時，第一次石油危機還沒有發生，但是開學前以阿戰爭爆發，中東產油國家以石油當武器提高油價，讓全世界所有國家的物價暴漲，產油國則賺進了大把的「油元」。阿拉伯文在一夕間炙手可熱，一畢業馬上就可外派中東，月薪兩千美元的優渥待遇恭候著。但是我並沒有要求轉組，只是懊惱著無福消受中東的油元，而將錯就錯很認份地把韓文組唸了下去。

也許是早年哈韓的經驗，對韓國這個國家的印象還不算太差，所以韓文組就一路唸到畢業。不過，韓文在當年是非常冷僻的外文，在政大校園經常被趾高氣昂的新聞系、企管系等學生看不起，畢業後找不到工作幾乎全都轉行；去韓國留學回來也一樣，外交部、新聞局、國貿局等政府機構，好幾年才會招考一名韓語人才，這也是我畢業後不想直接去報考留韓獎學金當交換生的原因。

後來是攝影工作做到了極致，迫使我必須再充電，於是結婚半年後我就拿著報社的獎學金去韓國留學了。但是才唸兩個學期，一九八二年春天，爆發了「日本歷史教科書歪曲事件」，這個事件迅即演變為日韓間的外交紛爭，而且持續延燒了十五年之久。

主修韓國近代史，並以日韓關係為研究重點的我，原本希望以台灣同樣有被日本殖民統治的經驗，能夠站在中立客觀的立場來探索日韓百年來的世仇。但是事件爆發之後，南韓報上每天以字海滿坑滿谷地專題報導在痛批被日本教科書歪曲的史實，每一篇長達五、六個版面的專題報導，都可以成為我的論文，要撿現成的真是俯拾即是。

仔細讀完報上一篇篇的報導之後，卻讓我冷汗直冒。我發現當時南韓媒體高漲的反日情緒，已掀起了全國人民狂熱、同仇敵愾的民族主義，在這樣的社會氛圍下，想成為一名公正客觀研究日韓關係史的台灣留學生，我直覺是不可能的事。我的史觀如果稍有偏失，就不可能被指導教授認可，遑論拿到學位了。滿懷挫折之下，我再多待了一學期，就告訴報社不要再給我獎學金了，我決定「中退」打道回府。

後來我的日韓關係史與韓國近代史的研究，就靠著報社工作的餘暇自修鑽研了。因為兩國的外交紛擾不斷，給了我很好的機會從新聞事件中，去追溯歷史脈絡，「在實務工作中做研究」真是老天對我的特別眷顧。

搬回台灣不到五個月，一九八三年五月五日發生了卓長仁等「六義士劫機投奔自由事件」。因為南韓以國際反劫機公約將六名劫機的「反共義士」司法起訴，使得這個事件懸宕了一年三個月，到一九八四年八月初才將他們遣送台灣。這一年三個月期間，我只負責採訪這條新聞，來來回回韓國八次，有近四分之一的時間待在韓國。是我的媒體人生涯中，跑過的「最長的」一條新聞。跑新聞之外的時間，我就用來讀書、翻譯，或是寫外稿，我的「韓國學」知識因而越來越多。

劫機案結束之後，報社認為把我閒置在台北太過浪費，於是在一九八四年底發布人事命令，派我擔任駐韓國特派記者，我因而成了「開館」的人。一九八五年一月中旬我正式上任，到一九八八年一月返國。駐韓的三年間，我見證了南韓最殘暴的全斗煥獨裁政權，也目擊了民主化運動風起雲湧、驚濤駭浪的現場。當年的紀錄與著作，後來都成為我的教材。

駐韓期間，我受盡獨裁政權鷹犬的凌虐，我家電話被竊聽行蹤也被跟監，甚至被列入「驅逐出境」的黑名單。情治人員三不五時會約我在明洞大使館前的茶房請我喝咖啡，我的居留簽證保證人也常會來電「噓寒問暖」。他們只差沒有逮捕我，對我嚴刑拷打，或加諸肉體的傷害而已。我的「反韓」情緒也就隨著被監控的力道，越來越強。

此外，從一九八〇年代中期開始，南韓加速推動「北方政策」，積極地要促成與北方的兩個共產強權建立外交關係，對台灣的態度愈來越惡劣。韓國知道自己是台灣僅存的幾個「大朋友」邦交國，台灣有求於他們更甚於他們有求於台灣，於是對台灣百般羞辱，甚至予取予求，台灣只能卑屈地、忍辱負重地讓步。這種現象看在我跟台灣人的眼裡，自然對韓國的反感就越來越大。

從一九八一年到一九九二年，我目擊了斷交前最後十二年台韓關係的變化，其中一個關鍵的事件就是六義士劫機案，台韓關係因而一路狂瀉直下，到了慘不忍睹的地步。但是中韓關係則因為劫機案，讓南韓撿到了天上掉下來的禮物，從此開啟了雙方官方的接觸管道。

因為當時被劫持的中國民航客機被迫降在春川美軍基地，劫機犯之外，還有九十多名乘客與機組人員，人機都在南韓手上，迫使北京當局不得不派遣官方代表的民航總局長沈圖飛到漢城去談判，與南韓外交部次官補（助理次長）孔魯明協商人機歸還的問題。中韓第一次的官方協商，進行得還算順利，人機很快就被遣返中國，南韓也給了北京相當的面子，為後續的談判預留好感與空間。

孔魯明完成談判任務之後，被外放到巴西當大使，但是他在巴西辦的卻是「韓中外交」。南韓政府一再要求他透過沈圖這條人脈關係，推動其他非外交領域的雙邊官方事務。中國第一代的朝鮮半島專家陶炳蔚教授曾告訴筆者，劫機談判後的幾年間，韓方的孔魯明從巴西對中國一再地索需，「好像中國欠了韓方多大的人情似的」，確實讓人極其厭煩。直到沈圖因收受外商鉅額賄絡垮台，才終止了這樣的中介交流；不過，南韓已經通過沈圖拓展出中國其他部會新的人脈關係了。

在南韓與中國關係日漸升溫之際，劫機事件之後的司法起訴，則是直接衝擊了台灣人民的對韓感情。台灣人的反韓情緒一再被揭揚起來，特別是在每次開庭時，南韓的法警對待劫機犯的粗暴態度，台灣人從媒體上看到我們的「反共英雄」被韓國人欺負，於是屢屢到台北忠孝東路四段的韓國大使館去丟石頭或雞蛋抗議。

我回國後出版的書《漢江變》（一九八九，時報文化）、《再見阿里郎》（一九九三，克寧出版），字裡行間可以感受到我對韓國相當反感，我甚至自認為當時可能是「全台灣最反韓的人」。當然，這種情緒跟我見證最後十二年台韓關係的變化不無關係。南韓對台灣的頤指氣使、咄咄逼人的高傲姿態，完全忘了中華民國的蔣介石總統曾經幫過他們多少忙，讓韓國人可以在中國大陸發展獨立運動，在國民黨人看來，韓國人的忘恩負義，甚至恩將仇報，實在無可原諒！

直到一九九二年八月，南韓與中國的暗通款曲，雙方頻頻互送秋波，到盧泰愚政權時終於水到渠成。八月十八日晚間南韓外交部次長李相玉通報我國金樹基大使，將在八月二十四日與中華人民共和國建交，並與台灣斷交。此後，南韓以粗暴的手法將台灣在韓國的土地、館產等全部移交給中國，台灣被南韓徹底出賣了。斷交確實就是台灣人「反韓」的根源（詳見另文）。

此後，在協商互設民間層次的代表部時，金泳三政權「忘記」李登輝總統曾經有恩於他（承諾斷交後台灣仍會繼續進口南韓的水果），竟然百般刁難而延宕談判，以致於「駐韓國台北代表部」比韓方駐台機構晚了一年才開幕。這中間有許多外交交涉的秘辛，雙方的外交官員都心知肚明。

台灣遭到突如其來的斷交衝擊，能夠制裁韓方的手段其實相當有限，而最有效的就是「斷航」，也禁止南韓國籍飛機飛過台灣的飛航情報區，讓南韓的航空公司必須繞道飛行而增加了油料成本。以致於斷交後來台訪問的南韓國會議員或擔任掮客的學者，開口閉口都是以「命令式」的口氣要求「復航」（복항하라），很讓人啼笑皆非，到底是誰欠誰啊？

直到一九九七年九月，南韓受到亞洲金融危機的衝擊，韓元大幅貶值，整個國家與人民的資產折損了一半，韓國遭到了韓戰以來最大的國難。當時，我內心裡暗自幸災樂禍：這個讓我痛恨的國家終於垮了！一九九八年八月我去了一趟韓國，蕭條的景象，只能用怵目驚心來形容。原本燈紅酒綠人潮不斷的梨泰院，冷清的整條街只有我一個路人，啤酒吧的媽媽桑看到有人經過，馬上衝出來要抓我進去喝一杯。看到這種慘況，除了心痛也只能寄予同情。

一九九八年上任的金大中總統，必須收拾朴正熙與金泳三留下的爛攤子，拯救瀕臨崩潰的國家，並且要還清「國際貨幣基金」紓困的584億美元的借款。他採用自由化與開放化的政策，把經營不善負債累累的企業，讓外商併購，也就是把「外債」轉換成「外資」，在三年後償還了IMF的借款，讓韓國重新站了起來。

更讓人驚訝的是，二〇〇〇年開始登場的「韓流」，在二〇〇二年伴隨著世界盃足球賽，竟然席捲了全亞洲，南韓不只站起來了，而且人民都充滿了自信與上進的氣勢，我才開始從日文與英文的資訊去研究朝鮮民族的民族性優勢與劣勢，也因此讓我的韓國觀從極左的「反韓」逐漸轉向到中間，然後開始推動「知韓」的教育。

除了韓流以台灣為發源地，進而攻佔東南亞的華人市場，再從香港進入中國之外，二〇〇四年開始，南韓的人均 GDP 首度超越台灣，台灣對韓的貿易赤字也越來越擴大。台灣跟南韓的經貿關係從原本的「水平分工」，變成「垂直分工」，台灣之於南韓，猶如越南之於台灣；南韓自創品牌，台灣卻只能做代工，造成了經濟差距越來越大。

到二〇〇〇年代中期為止，台灣不僅文化輸了，經濟也輸了，台灣人對南韓的挫敗感越來越沉重，於是中生代的台灣人越來越反韓，而年輕世代則隨著韓流的大眾流行文化大舉輸入，越來越哈韓。「真想贏韓國」，成了台灣不分世代的共通語言，但是兩極化的韓國觀，卻是非常不正常的現象，許多家庭的兩代之間，甚至到了「不能在家裡談韓國」的地步了。

有鑑於如此崩解的現象，我做為一個「承先啟後」的中間世代，如何讓台灣社會建立一個「知韓」的認知，是我無可旁貸的責任。於是，我號召了一批志同道合的年輕朋友，成立了「知韓文化協會」，我們的口號是「哈韓反韓，先要知韓」，我自己在學校教育與社會教育一再灌輸學生「知韓」的重要性，也就是「正確認識新韓國」，包括它的優點與缺點；而且必須建立「台灣本位的韓國觀」。

畢竟，韓國並不是像韓劇一樣充滿了光鮮亮麗的面貌，韓國人也不都是俊男美女，在精緻的包裝與行銷之下，南韓像是個完美無瑕的國度。但越是深入了解之後，就會發現許多「金玉其外、敗絮其中」的變態或病態的現象。當然，每個國家與社會都有它美好與醜陋的面目，我們希望告訴大家認識真正的韓國，至於相信與否，則讓聽眾或讀者去自行判斷。

二〇〇六年，我開始從事人權國際交流與轉型正義的教育，發現韓國在這個領域比台灣強過數十數百倍，我以通曉韓文的優勢，積極引介韓國的轉型正義經驗到台灣，韓國有太多值得台灣學習的強項，過去受限於語文不通，讓我們失去太多了解真正韓國的機會了。

我個人從小時候的哈韓，到中年的反韓，再到遲暮的知韓，一路走來半世紀。我把經驗鋪陳在這裡，希望能對年輕世代有所啟發。畢竟，哈韓或反韓是個人的感情與選擇的問題，不可能強迫改變，但不論如何，先知韓之後，再去哈韓或反韓，也就能夠「哈」與「反」都言之成理！

二〇二三年是我從事韓國研究五十週年，我的人生有八分之五的時間是與韓國現代史重疊的。從個人網站「台灣心．韓國情」十六年間所寫的文章，挑出值得留存一些文章的結集成冊，本書若幫助年輕世代認識「前當代」的韓國事件與台韓關係的變化，進而培養更多接棒人，我就足堪告慰自己，也不負生養我的土地了。

做為台灣第二代研究韓國問題的人，承先啟後是我無可旁貸的責任。我已經善盡我的言責，論點容或主觀，但我說的都是事實或親身的經驗，能否認同是每位讀者自己的選擇與判斷，剩下的就是你們新世代的事了。期待大家的批評指教！

輯一：台灣人眼中的韓國

台灣反韓情結的根源

一、台灣反韓情結的根源

(一) 斷交背景

從一九八〇年代以來，韓國政府加速推動延續一九七三年朴正熙的「六二三宣言」之後而來的「北方政策」，傾全力要與我們的「敵人」（中國）交朋友，台灣人也只能在無可奈何之中承受這個遲早要面對的事實。

台韓關係在這段漫長的變化過程中，無可否認的，台灣本身因「國家認同」的問題導致無法面對現實而調整僵硬的外交政策，必須承擔最大的責任。台灣不能因為自己不肯放棄堅持「一個中國」的政策，導致朋友一個接一個棄我們而去，就遷怒朋友「不講信義」、「不信守承諾」……。任何國家的外交絕對是以自己國家利益的追求為最高目標，當外國的國家利益與台灣的國家利益抵觸時，他們選擇維護自己的利益是極其自然的事，換成台灣也一定採取相同的作法。

不過，由於台韓關係的變化是在一九八〇年代臺灣社會已經開始多元化變貌的時候，資訊的流通也開始頻繁，民智也已然成熟之後，在一次次事件的衝擊之下，儘管台灣人知道是我們自己的外交政策必須負更大的責任，但是他們比較不能接受的是，台韓這兩個曾經是亞洲最反共的患難兄弟，為什麼也會走上分手之路？因此台灣人眼看著韓國一再表明要棄他而去，情緒上的反彈自然會比較強烈。

這中間，最大的衝擊性事件是發生在一九八三 五月五日的「中共民航機劫機事件」。台灣媒體當時稱之為「六義士奪機投奔自由事件」。

這個事件對韓中關係的進展有絕對積極的意義，但對韓台關係而言，卻是令人慘不忍睹的負面效應。這個前後拖了一年三個月的事件，對韓台關係唯一的積極意義，就是透過一年三個月的機會教育，讓台灣人徹底了解韓國的政策；不過，從此以後台韓關係就順勢一落千丈了。

「六義士案」期間，台灣民眾從一而再、再而三的新聞報導中，看到韓國政府「欺負」我們的「反共義士」，於是便引發了情緒化的激情與衝動，一股強烈的「反韓情緒」便從此被揭揚起來了。當然，從韓國的角度來看，這實在是很冤枉的事，韓國不過是在履行國際法的義務，而將六名劫機犯依法處理。但是韓國方面顯然忽略了一點，那就是台灣根本從未有過「國際法上的地位」，加上當時反共的意識形態的羈絆，台灣人無法理解國際法上的義務竟然可以高過於我們之間的傳統友誼，於是反韓情緒因此而生。

在先天上，中國人（不論海峽兩岸）原本就不太看得起韓國人（甚或朝鮮人），中國人基於他的「大中華意識」，對這個曾經是它的藩屬的半島上的人民，原來就有著先天上的優越感。在國民黨的教育下，許多台灣人甚至直覺地認為，當年南京國民黨政府對韓國在上海臨時政府的支持，絕對有功而且有恩于韓國人；加上戰後蔣介石對韓國獨立的支持，以及當年韓國駐華大使金信與蔣介石之間的「義父子」之間的關係，中華民國與韓國之間的關係是從「藩屬與宗主國的關係」到「父子關係」，到戰後才又成為

「兄弟關係」。如今，做為「弟弟」的韓國，竟然反過來要欺負「哥哥」，如此先天的優越感再上後天的受害意識，互相衝擊之下，反韓情緒自然愈來愈高漲了。

（二）「斷交」是反韓根源

一九九二年八月十九日下午，台灣的立法院（國會）外交委員會全體委員，突然接到外交部通知，外交部長錢復將親自替他們舉行一場簡報說明會，有重大事情要宣佈。這個異乎尋常的舉動，引起了國會與媒體敏感神經的啟動。果然是很重大的事件，錢復在簡報會中宣佈，南韓已通報我方，將在八月二十四日與北京建立外交關係；盧泰愚政府表示將同時和臺灣斷交。錢復在說明會中痛罵，「被韓國人欺騙，韓國忘恩負義、不講信義」等。這個晴天霹靂的斷交消息由臺北率先宣佈，確實與過去的斷交經驗大不相同。斷交消息於是由台北傳到漢城的外國新聞媒體，大家開始四處奔忙查證。

隔天，錢復部長又舉行一場簡報會，對象改為所有新聞媒體的高層主管。簡報內容與前一天對國會議員的完全一樣，繼續痛罵韓國，把斷交的責任全都歸咎韓方的「背信忘義」。倒是，錢復部長在會中兩度點名本文作者朱立熙，要求我以在場的唯一「韓國問題專家」身分，對斷交事件發表看法或提供「建議」給外交部。這是個很唐突的要求，而且也不符合外交慣例與常理，筆者於是兩次斷然拒絕了他的要求。錢復後來甚至親自致電中國時報老闆余紀忠，要求斷交當天見報的社論不要讓我寫，我只好把寫好的社論當掛名的專欄在工商時報刊登，但是效果已大打了折扣。其實，當時我的論點只不過希望南韓可以跟美國一樣制定「台灣關係法」，來保障在韓國的兩萬五千名華僑與台灣的利益。錢復的誤事與誤國莫此為甚。

事後，許多曾經參加簡報會的國會議員與媒體主管，甚至包括外交部亞太司的官員，都強烈感覺「被錢復利用了」。因為錢復連續兩天以大動作痛罵韓國，意圖引起全民公憤，而且，顯然要透過民意與輿論的「背書」（endorse），來替自己的外交失政「卸責」與「脫罪」。因為以過去台灣的「斷交史」來看，從來沒有看過外交部長可以那樣理直氣壯，還得到民意的喝采與輿論的全力支持。錢復故意把民氣移轉為「反韓情緒」，來規避自己的政治責任，因此他就沒有在輿論壓力下被要求辭職下臺。在外交部長任內斷了兩個台灣最後的大國（另一個是南非），而且被譽為「外交才子」的錢復，當然就沒有下臺，繼續安坐他的部長職位。

這中間還有著他個人的感情因素在內。錢復在美國耶魯大學的博士論文，寫的是「清朝在美韓通商條約締結過程的角色」。他的韓國觀始終是帶著「大中華」的優越感，也就是「宗主國」與「藩屬」的關係。他當然無法忍受被「中華民國的藩屬」所背叛，所以他會把斷交責任全部推給韓國，以致於造成台灣全民的反韓意識，也就不難想見了。

二〇二二年是台韓斷交三十週年。此刻應該重新檢討台灣的外交，是誰造成全民的反韓風潮。諷刺的是，錢復還以「外交教父」之姿，把台灣的外交定位為「兩岸關係的位階高於外交關係」，讓馬英九政府奉為圭臬，進而與中國「外交休兵」，如此，台灣的外交部應該併入「大陸委員會」傘下，成立「外交局」也就可以了。

錢復雖然還沒蓋棺，但是他的外交失政已經論定。未來由台灣人寫的歷史會這樣記錄：「錢復＝台灣外交孤立的歷史罪人」！

相較於一九七一年「尼克森震撼」導致投機的日本田中角榮政權立即見風轉舵，在一九七二年搶搭「中國列車」與北京建立外交關係，南韓足足晚了二十年才與中國建交；而且，也比美國（一九七九）晚了十三年。韓國是亞洲的大國中，第一個與台灣建交，也是最後一個與台灣斷交的國家。回顧這段滄桑歲月，許多南韓學者感慨地說，「對台灣，我們應該也算仁至義盡了。」

（三）台灣 vs. 韓國

其實，這只能怪國民黨政權自己。它敗亡到臺灣之後，已經是形同「沒落的貴族」，自己不知道調整身段去面對國際形勢（例如學習韓國，放棄西德的「霍爾斯坦原則」），並尋求自立之道，卻仍死守「漢賊不兩立」的頑固教條，落得自己一步步走上國際孤立的絕境。當台灣百姓都知道蔣氏王朝最後只會落得「賊立而漢不立」，但已時不我予，到現還在承認台灣的，只剩下十五個被台灣人譏為「小朋友」的國家。

畢竟，「分手是瞭解的開始」，斷交雖然讓台灣對韓國不滿，但也不失為一個讓台灣重新認識韓國，重新建立互信，並重新對韓國建立好感的機會，儘管失去了一個形式上的朋友，卻換來更實質、更相知相惜的朋友，從過去的「中韓關係」轉變為「台韓關係」，讓雙方能夠更務實地交流。

不可否認的，今天在台灣的中國人仍有從中國帶過來的大中華意識，對韓國有著一股「看不起的優越感」。但相較於「外省人」，本省人就沒有那樣的傳統包袱。許多韓國人來台灣，到中南部與本省人交往之後都會發現，本省人比外省人更親切，更容易交往。

事實上，本省人與韓國人的初次交往是在日據時代。日本總督府引進了三百多名朝鮮勞工到九份開採金礦，接著有四百多名娼妓到台灣賣春。太平洋戰爭爆發後，許多朝鮮軍人被派到台灣移地訓練時，與台灣軍人一起受訓之後，被派到東南亞戰場並肩作戰，雙方才開始認識而建立了兄弟般的情感。

儘管台韓這樣的兄弟，最後不免走上分手之路，但我們也不能否認，在中國的壓力之下，韓國對中國仍有著「事大主義」的情結，不敢也不能與台灣有政治上的交流。台灣和韓國的發展軌跡一直都很相似，同為被日本殖民過，戰後產業與政治發展的步調也相似，若彼此能夠互為借鏡，互相截長補短，也能夠以謙虛誠懇地學習對方的長處，台韓雙方必然都會有更大的成就。

而且，台韓在一九八八年開始民主化，一九九〇年代末期完成「過去清算」，二〇〇〇年前後都實現政黨輪替，落實百分之百的西方民主主義制度，使人民能夠享受自由、民主、保障人權的生活，台韓兩國是二次世界大戰之後，亞洲僅有的成功典範，而且同樣是「儒家文化圈」的國家。這種成就，是我們對人類文明的偉大貢獻。

再加上，我們都共同有過為民主受難的經驗，基於這樣的「道德正當性」，我們兩國更應該攜手合作，對民主發展的「後進國家」共同來推動「人權外交」與「出口民主文化」。這是台韓兩國人民在享受民主果實之後，無可旁貸的責任與使命。

（四）統獨對立的台灣

儘管如此，今天的台灣並不是個「正常國家」，所以世人無法用「正常標準」或「普世價值」來看待它的國家體制、大眾媒體、司法制度等。台灣所有問題都源自於「國家認同」（National Identity）的錯亂與混淆。雖然台灣現在仍以「中華民國」為國名，但是有許多人的認同是「台灣共和國」，也有一些人認同「中華人民共和國」（在台灣我們稱這些人為「左統」：與左派的共產黨統一，他們在台灣是極端少數，而且被認為是精神異常的人）。

國家認同的歧異，以及「統一」、「獨立」的論爭不斷，問題的根源就在於「故鄉決定論」，對自己故鄉的認同（Identity），決定了他是統派或獨派（例如：韓國華僑的認同必然是自己的故鄉山東省，而絕不會是台灣）。

國民黨做為一個少數的「外來政權」，如何能夠在台灣長期執政（一九四五至二〇〇〇）呢？在五十五年的統治期間，它靠的是：一、接收日本人留下的財產為「黨產」，在地方收買台灣政客，以鞏固基層，並在每次選舉時以買票、作票的手法，以鞏固政權（直到民主化前才節制這種濫行）；二、全面控制黨、政、軍（公務員與軍人幾乎都是國民黨員），以及教育、司法、媒體、情報機構等所有資源，並以長達三十八年（一九四九至一九八七）的戒嚴令來控制台灣社會各階層。如此高壓與獨裁統治之下，國民黨與台灣人根本是在極端不公平的立足點上競爭。

以致於到今天為止，八成以上的媒體（由外省人所經營），以及教育界、司法界的多數人員都是國民黨員。於是，在外省人所主導下的媒體報導傾向，自然就會以「大中華」意識來宣揚中國必須統一；同時，媒體的「韓國觀」當然也就是從中國帶過來的宗主國的優越感了。

所以，丁相基前大使在二〇一一年九月上任後，對台灣媒體所煽動的反韓意識感非常困惑，曾詢問過筆者：為何台灣的媒體「不反日」（因為台灣人大部份親日，「反日」在台灣沒有市場），也「不反美」，現在更「不反中」，卻獨獨「反韓」？我為此曾經去駐台北韓國代表部給他們上課三次，分析台灣媒體的生態結構。因為媒體工作者很清楚，台灣人在國民黨教育之下，帶著大中華意識而反韓的人口大約佔了七成；由於「反韓」的新聞在台灣有市場，所以媒體樂此不疲，連我本人都成為受害人。

二、台灣人的韓國觀

（一）台灣的人口結構

談台灣人的韓國觀之前，必須對台灣島內的人口結構有基本的認識。在台灣，本省人與客家人佔了八十五%，一九四九年跟國民黨政府撤退來台的外省人只佔了十三%，比這三大族群更早住在台灣的原住民族（有十六個民族）則只佔了二%。

從一九四五年到二〇〇〇年，台灣人接受國民黨獨裁政權的一元化反共教育，以及以「中華民國」代表唯一合法政府的思想教育，它的地圖甚至還包含早就已經獨立的外蒙古在內。在少數外省人執政所控制的教育體制下，台灣人的「韓國觀」也跟中華民國一樣，存在著虛假的幻想。

在國民黨的認知裡，「中韓關係」指的是「中華民國」與「大韓民國」的關係，所以以「兄弟之邦」相稱的台灣與韓國，當然台灣是哥哥，韓國是小老弟。如此產生的台灣人的韓國觀，也就有極大的偏差與虛假了。

（二）老中青三代的韓國觀

由於台灣人的韓國觀呈現了「哈韓」（哈，是來自英文的Hot，發音與台語的「哈」接近，所以「哈韓」表示「韓國熱」或「熱愛韓國」的意思），以及「反韓」的兩極化現象。筆者以世代來區分的話，大體可以區隔為以下三類。

1,「國民黨世代」（六十五歲以上）：因幫助過上海臨時政府，大都以大中國的優越感看待韓國這個「小老弟」。這其中絕大部分是外省人，但也包括本省人。這個族群的韓國觀充滿了優越感，但未必「反韓」。

2,「斷交世代」（四十五歲至六十五歲之間）：因為見證了斷交前兩國紛擾不斷，大都對韓國充滿反感。這些都是接受國民黨教育的戰後嬰兒潮（Baby Boomer）世代。這個族群的反韓意識最強，甚至到了非理性、「逢韓必反」的地步了。

3,「哈韓世代」（十歲以上三十五歲以下）：因為著迷於韓劇與韓歌的流行文化，而普遍喜愛韓國。但是，這些哈韓族的「韓國觀」並不穩定，未必有興趣對韓國文化與歷史繼續深入探討。而且，對流行文化的喜好能夠持續多久，也因人而異。有趣的是，許多哈韓世代的父母親是反韓族，親子之間在家裡無法有一致的韓國觀，甚至不能談論韓國相關的話題。因此，如何對這個族群提供有效的「知韓教育」，是值得台韓兩國學界、文化界，甚至外交界去深入探討的問題。

（三）台灣的 Trauma Syndrome（創傷後症候群）

戰後一路競爭過來的台韓兩國，到一九八〇年代初並駕齊驅。但是到了新世紀之後，優劣態勢已經很明顯。文化發展落後之外，二〇〇四年起台灣也在經濟競賽中落敗，人均GDP被韓國超越。尤其，在高科技產業，由過去的「競爭者」（水平分工）關係，轉變為目前的「垂直分工」，也就是南韓在做「品牌」（Brand），而台灣卻在做代工（OEM），如此不同的產業結構與發展型態，自然使台韓之間的經濟差距越來越大。今天，台灣之於韓國，就如同越南之於台灣。

在文化與經濟相繼讓台灣人產生挫折感之後，二〇一〇年十一月十七日發生的廣州亞運會跆拳道黑襪事件，引爆了有史以來最強烈的反韓風潮。台灣媒體在事件發生過後的幾天內，持續以大幅的版面報導。事實上，明眼人從這些反韓報導看得出來，都是媒體自導自演的「自作劇」，為了製造閱聽大眾的反韓情緒。而讓人遺憾的是，台灣一些政府官員，如政務委員曾志朗、衛生署長楊志良等，也為了討好觀眾而配合媒體演出反韓的言行，這種媚俗的民粹主義（Populism）行徑，在馬英九帶頭的作為下，尤其嚴重。以至於一個月後的「三星LED污點證人事件」爆發時，連經濟部長施顏祥、鴻海集團總裁郭台銘，都發表反韓的言論譴責「三星不守商道」，因為他們深知，只要反韓就能得到在媒體曝光的機會。

為什麼會出現這麼強烈的反韓情緒呢？多年來，由於台韓處於發展近似的競爭關係，導致種下了相互比較的優劣情結，加上台灣媒體生態結構的特殊性（大多數為外省人所經營），它們普遍帶著中國的優越感在看待韓國，所以對韓國的誤解與反感日益增加，並且跟著中國大陸網友製造的假新聞在起舞，跟著做聳動而不負責任的報導，藉以鼓吹「反韓意識」以滿足他們的優越感。

二十一世紀前十年的中半以後，台灣媒體跟著中國網民炮製的假新聞，包括：「韓國人發明漢字」、「孫中山、孔子都是韓國人」、「端午節是韓國人的」、「中國四大發明源於韓國」、「釋迦牟尼是韓國人」、「李白是韓國人」、「林書豪有韓國血統」等等。雖然事後都被證實是杜撰的假新聞，但是已經有無數人被欺騙，並且信以為真，如此看似無聊的假新聞，卻不斷掀起一波波的反韓情緒。但在韓國人眼中，不免覺得臺灣的反韓現象實在是莫名奇妙。

更嚴重的是台灣人的創傷後症候群。由於許多台灣人腦子裡還存有韓國曾經是中國藩屬的思想，對於曾經低自己一等的韓國的快速發展，感到嫉妒及自尊心受創。也因為台灣在國際社會中是不被承認為國家，長期的外交孤立產生了受害意識。近年因為「韓流」風靡全世界，經濟發展也大幅成長，台灣無法接受被以前瞧不起的國家超越的事實，因而產生了反韓情緒。

台灣政府在反韓風潮中，也扮演了推波助瀾的角色。這是為了轉移國民對選舉的注意力，並且擔心引發「反中國」的情緒而導致對執政的國民黨的選情不利，於是順勢把槍口一致對外，利用外部敵人來加強內部團結。而可以被拿來當作外敵的中國、韓國、日本，這幾個國家中，中國太強大，日本是台灣人喜歡的國家，所以韓國就變成唯一可利用的箭靶。

綜觀這場反韓風潮，其實台灣媒體的行為十分不理性，而且它們的所做所為只是為了「宣洩情緒」。加上以前的愛恨糾葛，使得台灣人民總是盲目相信媒體片面的報導，而對韓國人產生更大的誤解，但實際上許多的假新聞都是中國網友所製造，再傳入台灣。而台灣媒體不經查證就直接報導，這樣的行為也讓韓國媒體撻伐台灣媒體的不專業性，其中《朝鮮日報》的記者李光會，也寫過專題報導來指責台灣。台灣的「國際孤兒」處境，以及國家認同的闕如，使得台灣人一直在矛盾的現實中無法明確定位自己。如何建構一個「台灣本位的韓國觀」，並拋棄國民黨從中國帶過來的韓國觀，似乎更是台灣人迫切需要去面對的問題。

三、以文化外交推動「知韓」

（一）從根源杜絕反韓

二〇一三年七月六日在駐台北韓國代表部的後援之下，「知韓文化協會」舉辦了一場「台韓媒體高層與傳播學者座談會」，邀請到所有主流媒體副總編輯以上的高層，以及重量級的學者來參加座談或與丁相基大使餐敘，可謂空前的創舉。這場座談會雖然只有半天，也沒有媒體對座談內容有所報導。但是，效果已經達到。

在過去半年間，誇張或聳動的反韓報導幾乎已經完全絕跡。從媒體高層來做「工作」，讓這些新聞的「守門員」能夠更謹慎地管控新聞，這是最初步的效果。其次，讓媒體高層與傳播學者知道：「韓國外交人員非常在意台灣媒體製造的反韓風潮」，會讓他們在處理新聞時更加謹慎。

由於資本規模零細，台灣的新聞媒體普遍都缺乏財力，因此只能以低成本製作，新聞的採編也一樣。

嚴格來說，台灣媒體報導的新聞不能被稱之為「新聞」，而更像是「娛樂化」或「廣告化」的新聞。所以外國經常譏笑台灣媒體是「資訊娛樂業」（infor-tainment）。他們以「衝突性高」的動態畫面為首要選擇。所以煽情的新聞、加工或導演的新聞，已成為常態。

如此，導致閱聽大眾對媒體的信賴度極低。根據 **A & R Edelman** 的報告 (2006. 10. 24.)，台灣人信賴媒體的程度只有一%，在亞太地區排名最後。台灣媒體只願享有自由，卻完全不負責任，尤其是媒體的「社會責任」。以致於被批判為「無政府、放任主義的 Journalism」。

從政治立場與意識形態來區分：八十%的報紙是「親中」（發行量）、九十五%的電視是「親中」（從業人員），也就是台灣所謂的「統派媒體」。許多媒體已經無異於北京的「傳聲筒」，甚至「比人民日報還人民日報」。但是，諷刺的是，在經濟利益上，他們的市場與命脈卻必須依靠台灣。

以台灣媒體普遍欠缺資金的情況看，只需以「小利」當誘因，來餵養台灣媒體，他們就能夠馬上被馴服。這也就是從根源杜絕反韓的最有效果的作法。

（二）「知韓」從台灣開始

大部分韓國人可能都不知道，「韓流」（Korean Wave）這個名詞，其實是一九九六發源自台灣報紙的影劇版，後來被大量引用，才傳遍「漢字文化圈」國家。一九九四年台灣開放有線電視（Cable TV）自由化，從原本三個頻道暴增到六十多個（現在則是二百四十多個），大量的節目需求，讓韓劇開始引進台灣。

當時報紙開始以「韓流」來形容韓國大眾文化，是取自中文發音相同的「寒流」（即韓文的「寒波」）。因為台灣北部寒波來襲時非常寒冷潮濕（台灣室內不用暖氣），北部人都不喜歡寒流天。所以，「韓流」一詞，原本是帶有貶抑的意思。後來在各國成為流行語之後，變成不帶負面意義的名詞了。

前任駐台代表具良根在二〇一一年八月接受媒體訪問時表示，二〇一〇年台灣一共買進播放一百六十二部韓片。具良根代表都承認，台灣確實是韓流的發源地。所有韓國的大眾文化，從韓劇到**K-Pop**，都是以台灣為第一個出口國，測試華人圈的市場接受度，之後再傳到其他亞洲國家。台灣不只發明了「韓流」一詞，也是韓流的最大的「推手」。

所以，韓流既然是由台灣所帶動擴散，「知韓」的事業也可以從台灣來起頭。如同本人近年來所推動的、呼籲建立「台灣本位的韓國觀」一樣，知韓的工作在華人圈有無限的發展空間。

二〇一二年七月十三日，本人在首爾舉行的一次晚宴上致詞時表示，從事韓國問題研究迄今四十年，見證了南韓發展與進步的歷程，在戰後不同階段、每二十年就創造一個奇蹟，包括「經濟奇蹟」與「政治奇蹟」，現在正借「韓流」蓬勃發展之勢，進一步在創造「文化奇蹟」。這三項奇蹟全部實現之後，南韓便能開創亞洲的新文明。

像韓國這樣積極進取，能在短短三十年內，從戰後的廢墟與貧窮之中站起來，讓人民溫飽富足，教育普及，並且每隔二十年就創造一次奇蹟的國家，在全世界確實沒有第二個。而且，過去十年藉由韓流的蓬勃發展，提升了韓國人的自尊與自信，確實也是世所僅見。當然，這要歸功於經濟富裕與政治民主，以及新羅文化與百濟文化彼此融合而形成豐富燦爛的嶄新文化。

本人期待，另一波「知韓奇蹟」的創造，應該從今天就要開始規劃、設計與推動了。

（三）「知韓」的落實

儘管韓流文化產品都是透過台灣這個華人世界唯一的自由民主國度作為海外市場的試金石，不能否認的，這也是台韓在一九九二年斷交之後的「因禍得福」，兩國人民因為「分手之後才開始互相瞭解」。回顧二十年來台灣人民的心理變化，可說相當微妙與有趣。前十年，台灣人的韓國情結，在斷交的陰影下仍難以釋懷；之後迄今，則在韓流與世界盃足球賽的熱潮下，使新一代台灣人完全改變對韓國的認知。在韓流時代雙方關係與人民感情完全改變的情勢下，重新檢討與定位台韓關係，也是雙方決策者與知識份子無法回避一個重要課題。

面對華人圈「哈韓」與「反韓」兩極化的現象，筆者認為不論是哈韓或是反韓，都要先「知韓」。知韓之後，才知道怎麼跟韓國人互動；知韓之後，才能夠「以新眼光來看待新韓國」。

（2013. 12. 28. 發表於「台韓學者前瞻對話會議：中國大陸新局勢與台韓關係」，由韓國外國語大學「台灣研究中心」主辦，韓國外交部東北亞局後援）

沒有台灣，就沒有韓流！

二〇一四年八月，一位韓國教授在台北演講時，說了這個真實的故事：當年三月在北京召開的兩會期間，政治局常委王岐山在政府報告中公開提到韓劇，他並質疑，為什麼韓劇佔領了中國？堂堂十三億人口的中國，為什麼拍不出一齣「來自星星的你」這樣的連續劇？他擱下政經大事不談，要大家討論「來自星星的你」成功的原因。這故事很快傳出，也傳到韓國大使館與韓國人圈子。

「來自星星的你」會引起中國高幹的重視，韓國人都嘖嘖稱奇。其實，在王岐山之前，包括胡錦濤、溫家寶等人都是韓劇的粉絲，他們訪韓時，都特別要求會見韓劇紅星李英愛、張娜拉等。此外，江澤民時代的要員曾慶紅、吳邦國也都表示過愛看韓劇。

對於王岐山的質疑，半年之後的二〇一四年十月二十四日，以「大長今」走紅的李英愛接受香港《明報》專訪時（註一）給了他答案：民主化締造了韓流盛世！韓國從一九九八年開始的全面民主化，打破專制禁忌，釋放的創造力讓韓流橫掃亞洲。

李英愛說，韓國在獨裁專制時代，對影視節目審查嚴苛，女演員甚至不能穿著無袖露肩的衣衫演出，人民的表達自由和創作自由備受壓抑。直到金大中政府廢除電影審查制度，爭議性與政治敏感的議題都能成為電影題材，文化創意迸發，終於有了今日的繁榮。

李英愛還提到，年輕時她都是看香港的電影，港星像劉德華、張國榮、鍾楚紅、周潤發等都是她的偶像，他們的電影她都可以如數家珍。當年香港電影的全盛時期，對剛起步的韓國影響極大。但是她只是點到為止，她沒有說到為什麼今天香港人反過來看韓劇，為什麼香港電影沒落了？答案很簡單，那就是香港回歸之後，言論自由與表達自由被限縮了。

沒錯，「就是民主化締造了韓流」。李英愛是唯一在香港講出真話的韓國藝人，她的智慧與道德勇氣，相信會讓王岐山等中南海的韓劇迷高幹們羞愧不已，他們難道不知道沒有創作與表達的自由的話，就不會有優質的影視文化發展嗎？也許是因為他們沒有在民主體制下生活的經驗，所以他們是真的不懂。

韓國的民主化雖是一九九八年金大中執政才真正開始，不過韓流文化的起源，卻是始自於台灣。一九九四年台灣開放有線電視自由化（也就是俗稱的「第四台就地合法化」），為韓流後來的發展鋪路。

當時的第四台，指的是台視、中視、華視等老三台之外的有線電視台，大多為地方政治人物經營來固樁的違法播放，在無法可管的窘境之下，主管廣電業務的新聞局索性就地合法而全面開放。但是，事前的配套規劃付之闕如，以致於二十四小時的新聞頻道不斷衍生，對本國的影視文化也沒有任何政策保護的設計，以致於韓流強烈襲台迄今。

過去老三台時代播放的外片大多為日劇，但是越買越貴，電視自由化之後，有線頻道為了二十四小時運轉的大量需求，開始蒐羅新的片源，於是便宜又大碗的韓劇便趁勢而入，台灣因而成為韓劇的第一個出口國。韓國片商跟台灣電視台簽約後，帶著合約到東南亞兜售，新加坡、馬來西亞（當年新加坡電視台幾乎都播台劇也跟著台灣選片）就跟著買，再賣到香港後就進入中國了。

南韓前駐台代表具良根都公開承認，台灣是韓流的發源地（2011.8.4.）；他並說，二〇一〇年台灣一共播放一百六十二部韓片（但是當年韓國一部台片都沒有進口）。不僅如此，連「韓流」這個術語，都是從台灣創造的，然後才傳遍「漢字文化圈」的東亞各國。二〇〇六年八月三十一日「華盛頓郵報」在一篇探討日本女性瘋迷韓流的專題報導中指出，「韓流」（Korean Wave）是一九九〇年代中期由北京的新聞記者所創的，這根本是不明就裡的錯誤論述。但是這個錯誤論述，卻一再被學術界與媒體反覆引用。

事實上，一九九〇年代中期，中國尚未開始引進韓劇，「韓流」一詞是源自於台灣報紙的影劇版。在一九九五年韓劇開始進口台灣之後，台灣平面媒體開始以「韓流入侵」來揶揄與貶抑當時並非很看得起的韓國影視產品，取其與台灣北部人厭惡的濕冷「寒流」的同音字而傳播開來。所以，台灣不僅是韓流的發源地與推手，更是「韓流」一詞的創造者，殆無疑義。

以時間軸來區分韓流發展的樣貌，通常「第一代韓流」指的是一九九五至二〇〇五的十年間，以韓劇與電影等影像內容產品為主，加上少量才剛起步的音樂作品，發展地區從台灣、日本、東南亞，再到中國。「第二代韓流」則是二〇〇六至二〇一一，開始轉型為 **K-Pop** 的演唱團體與個別偶像明星為主，大幅超越了韓劇與電影，發展仍始自台灣，再到香港、東南亞、美洲與部分歐洲。從二〇一二年迄今算是「第三代韓流」，以其他的韓國文化：包括美食、旅遊、服飾、化妝品、整形美容等為主，開始全面擴散到世界各地。

以第二代韓流主力的 **K-Pop** 為例，幾乎所有演唱團體都以台灣做為海外公演的試金石。大型演唱經紀公司認為，只要台灣市場能夠賣座，整個華人圈的市場就大有可為。所以，台灣成了韓國演唱團體進軍大中國市場的跳板；許多第一次來台灣卻闖不出票房的演唱團體，回韓國之後就立即泡沫化而解體。

除了台灣扮演了韓流的推手之外，韓國本身的國內因素也很重要。一九九七年爆發的金融危機，使得韓國向國際貨幣基金尋求五百八十四億美元的紓困，經濟也由ＩＭＦ接管。當時大財閥企業成為全民公敵，要求改善財閥的不健全財務結構的呼聲不斷。在這樣的社會氛圍下，SoHo族的文創人才像劇作家、軟體程式設計師等開始出頭，成為不受財閥制約，能靠自力起家的新貴。

當然金大中上任後，全面民主化的因素也功不可沒。其中包括：一、對叛亂與內亂的兩名前總統判處重刑，完成過去清算，也建立了轉型正義的機制；二、全面保障思想、言論、創作、表達等自由；三、制定「文化立國」政策，透過立法來推動文化內容產業的發展；四、百濟文化與新羅文化的融合，為韓國大眾文化的蛻變，提供了肥沃的土壤，而綻放了嶄新的文化花朵（因為地域仇恨仍深，韓國人知道這個因素，但他們通常避而不談）；五、全面開放日本文化產品的進口，讓影視業從日本多元的文化得到養分；六、各大學紛紛開設「文藝創作系」（截至二〇一二年共有三十三所大學），大量培育劇本創作人才（至二〇一二年一共培養劇作家二千五百三十一人，其中女性占八十七％）。

我們也不能否認，韓國是全世界絕無僅有、最積極上進的國家，幾乎每二十年就創造一項奇蹟：一、「經濟奇蹟」：一九六〇年代初開始發展五年經濟計畫，到一九八〇年代初以「漢江奇蹟」躋身亞洲四小龍；二、「政治奇蹟」：一九七〇年代末期仍是獨裁政權，到一九九〇年代末期落實民主化；三、「外交奇蹟」：一九七三年宣布推動「北方政策」要與北邊兩個共產國家建立關係，到一九九二年完全落實。

從二〇〇〇年代初期開始活絡發展的韓流，能否創造出「文化奇蹟」，還有待時間證明。目前看好與看壞各半，因為韓國經濟幾乎完全「鎖在中國」，中國經濟的衰退，連帶也使韓中FTA完全破功。經濟蕭條必然影響文化產業的發展；其次，畢竟人才與人口成正比，人才的極限也讓文化創意開始枯竭，這是看壞韓流再撐不了十年的主因。

不過，一個不是可以立竿見影的教育投資，正在改造與提升韓國人民的素質。這項名為「BK21」（頭腦21：培養二十一世紀的韓國人才，註二）的教育投資計畫，可以期待會持續培養各領域的優異人才，這是未來韓國競爭力的泉源。

二次世界大戰之後，台灣與韓國政經發展的軌跡幾乎同步，一九九〇年代中期之前台灣的實力比韓國強，文化發展也比韓國多元與先進（例如，台灣的新電影浪潮在國際影展鋒頭十足）；但是民主化與金融危機之後，兩國的差距逐漸拉大。韓國繼二十世紀末期大眾文化發展超越台灣之後，二〇〇四年起平均國民所得也超過台灣。也就是文化與經濟，台灣都輸給了韓國。台灣人的韓國情結，從優越感到挫折感，再到受害妄想症，甚至產生盲目的反韓。

其實台灣人的「反韓」是長期的國際孤立，所導致的「創傷後症候群」（Trauma Syndrome）的具體投射，加上經濟與文化落敗後的忌妒心理而產生。這需要台灣人深切的自我反省，並且攜手努力來療癒。

不過，韓國始終把台灣當做進軍中國的跳板，卻未對台灣有任何回饋或善意的報償，頗有可議。例如，韓國的大眾文化產品一貫是以精美細緻的包裝與強力的行銷對外輸出「俊男美女」，甚至是「花美男」與「肌肉男」，讓外國人眩惑而對韓國社會產生錯覺；但韓國自己國內卻極端排斥同性戀文化，只在國外助長當地的同志傾向與風潮，坦白說這是極不負責任又不道德的。而台灣如何擺脫長期以來被當跳板的角色，創造自我的價值，也是值得我們省思的。

儘管就短程而言，台灣輸給了韓國。但是台灣社會比韓國「多元」、「自由」、「平等」、「不排外」、「尊重個人」、「沒有階級」、「經濟民主化（不受財閥壟斷與宰制）」等。這些「軟實力」都是台灣的優勢！台灣人不必自卑也不能妄自菲薄！長程而言，台灣的多元價值比韓國更具終極成功的要件。

台灣與南韓民主化轉型成功的經驗，證明「儒家文化圈」的亞洲，是可以一百%落實西方的自由民主、資本主義制度，這也算是我們對人類文明的貢獻。

註一：明報專訪李英愛的連結：http://news.mingpao.com/pns/%E6%9D%8E%E8%8B%B1%E6%84%9B%EF%B9%95%E6%B0%91%E4%B8%BB%E7%B7%A0%E9%9F%93%E6%B5%81%E7%9B%9B%E4%B8%96/web_tc/article/20141024/s00002/1414085975303

註二：韓國在 1999 年至 2005 年投入 1 兆 5700 億韓元（13.4 億美元）推動「頭腦韓國 21」（Brain Korea 21，簡稱 BK21）高等教育改革計畫後，2006 年至 2013 年間再投入 2 兆 3000 億韓元（23 億美元）進行 BK21 的第二期計畫；2013 年至 2019 年改名為「BK21+」，擴大到 3 兆 3143 億韓元（33 億美元）。

（本文發表於 2016 年 7 月號「兩岸公評網」）

哈韓反韓，都要知韓

逢甲大學「文明史」專題演講
演講題目：戰後韓國民主轉型
演講日期：二〇一〇年十二月七日（二）下午七時
演講地點：啟垣廳（人言大樓地下一樓）
主講者：朱立熙　老師

主持人：周樑楷老師

朱教授、各位老師、各位同學，大家晚安。我們逢甲文明史演講，每個學期有八次，今天是最後一次。在上學期時，我們就在安排這學期的演講，我想我們應該多瞭解鄰近國家，因為我們要拓展各位的國際觀，所以我就想到韓國很重要。尤其韓國的大眾文化，大家都接觸很多，但我們應該對他的政治各方面多瞭解。就我所知道，台灣對韓國的歷史、政治瞭解最透徹的就是今天我們請到的朱立熙教授。前不久我還請朱立熙教授到我家去，有個讀書會也是請他演講，那次讀書會人比較少，我覺得很可惜，沒辦法分享給大眾。所以今天我們特地請朱教授來跟各位做一個分享，沒想到，我們安排的時間就是現在最近韓國跟國際情勢最緊張的時候。所以今天這個安排不是剛好碰到韓國國際情勢緊張才請他來，我們老早就請他來。

我先講一個小笑話，然後再請朱老師上來跟各位講。我兩年前到韓國南韓開會，開會後在私下場面聊天，我就問他們說，你們韓國國旗有什麼意義？韓國的學者就故意跟我耍酷，他說這個是很深奥、很有學問的東西，就這樣，他也講不出來。我就跟他開玩笑說，裡面的紅色、藍色是什麼意思？他說，我們有一個純屬開玩笑的說法，當初獨立建立大韓民國，設計國旗時，北邊紅色的就是北韓、南邊藍色就是南韓，好像命定朝鮮半島就是要分隔開一樣。這是開玩笑的話。我們現在歡迎朱教授。

朱立熙：

謝謝周老師給我這個機會來分享研究韓國當代政治轉型的心得。我一直覺得我是個運氣很好的人，新聞都為了我的課堂需要而發生，好像反韓的新聞就是為了我們今天的課而準備。在這時候談韓國，我其實有點嚇一跳。開始之前我先來做一個簡單的民意測驗。在場同學如果你認為你內心反韓情緒高過哈韓的，我們用五十％來算，如果你的反韓超過五十％，你就是反韓；如果你哈韓超過五十％，你就是哈韓，好不好？在座各位，如果你是反韓的請舉手？哈韓的請舉手？沒關係，不要怕被人家笑。現場聽眾反韓是多數、哈韓是少數。我想今天我的挑戰滿大的。

都是中國人製造的假新聞

為什麼孔子、李白、王建民、孫中山都是韓國人？我想前幾年這樣的新聞不斷，一直到今年五月，李白是韓國人，《甘肅日報》的報導。我跟你講，都是假的！都是中國大陸的網友製造的假新聞，再透過台灣媒體的大肆傳播。舉個例子，例如孫中山有韓國人的血統，這是兩年前《中國時報》引述《朝鮮日報》的報導，說南韓成均館大學一個教授叫「朴芬慶」，根據他的研究說孫中山有韓國人血統。這個消息《中國時報》一報導，透過網路馬上傳回韓國，《朝鮮日報》說我們當天根本沒有這則新聞！他們再去瞭解，成均館大學也沒有一個叫「朴芬慶」的教授。證明這個新聞是假的，是杜撰的。

我們的媒體就是前門造謠，中國大陸網友製造的新聞，他們不經查證就報導。被否認之後，前門造謠、後門更正。可是第一時間，讀者都被騙了，兩天之後的更正新聞就沒有人注意了，所以大家先入為主的觀念就受到影響。所以這些新聞基本上都是假的，連我們的衛生署長都被騙了。過去幾年這些假新聞對我造成非常困擾，因為每次看到這種新聞時，我都無端受害。媒體都跑來問我這件事情到底是真的假的？我說根本沒有的事情你叫我怎麼評論、怎麼回答你呢？我現在跟各位講，這些都是假的、杜撰的新聞，而且都被否認了，網路上都找的到。

十二月一日，人力銀行作了民意調查，我們上班族跟各位一樣，還有超過五十五％是反韓的，另外四十五％是不反韓，但也未必是親韓。這是台灣目前的現狀，所以，大家的反韓，表示你還是符合整個常態社會的現象。不過，我覺得你不管是反韓或哈韓，我認為你要先「知韓」。我舉日本的例子，日本曾經統治過朝鮮半島三十五年，一九一〇至一九四五。朝鮮半島被日本統治之前，本來就是主權獨立的國家，李氏王朝末期的「大韓帝國」。後來一九四五年韓國光復，光復之後韓國人非常反日、仇日。但是韓國歷史學者告訴他們，你要反日、仇日，但之前要先「知日」，知日之後才有辦法去跟日本較勁，才可能去「超日」、「克日」。

所以在二〇〇一年 Samsung 的電子產品業績超過 Sony，成為全球最大的家電品牌。韓國認為至少在家電領域，他們超日、克日了。所以今天各位反韓的人，沒關係，我不是要來說服你們或是希望你們跟我一樣，其實我可以告訴大家，我內心裡對韓國的看法是一半、一半。就是親韓一半、反韓一半，根據不同的個案我會有比重差別，例如說五十一％比四十九％或五十五％比四十五％。因為韓國本身就是非常兩極化，讓人愛恨交加，討厭他的人討厭得不得了，喜歡他的又喜歡得不得了。所以你有一半、一半，六十比四十或七十比三十沒有關係，我覺得不管你是反韓或哈韓，但是要先「知韓」。

恨與兩極化的民族性

今天的課我就先從韓國人的民族性，為什麼是一個「恨」的民族來講。我形容它是「一個錯誤的地理，造成它悲劇的歷史」。為什麼叫錯誤的地理？上帝給它的地理位置實在是太壞了，它長錯地方。朝鮮半島的地圖你稍微想像一下，它的左側邊是中國、正上方是俄羅斯、東南方是日本。一百年前它就周旋在中國、俄羅斯、日本這三大強國之間；戰後一九四五年美國又從海外而來。所以它周旋在全世界最強的四大超級強權中間，中國、俄羅斯、日本加上美國。歷史上它是日本侵略中國的跳板、中國要攻打日本借過的橋樑。一八九四年「東學黨亂」發生「清日甲午戰爭」，清朝跟日本以朝鮮半島為戰場，兩國在那邊打。一九五〇年的「韓戰」，雖然是南、北韓兄弟鬩牆，自己人在打，可是背後三個老大哥一樣以朝鮮半島為戰場。南韓背後是美國的支持；北韓背後是中共跟蘇聯，蘇聯提供武器，中共提供軍人，抗美援朝。所以背後是三大強權，兩個兄弟鬩牆，但他們只是三個強權的代理戰爭而已。所以他一直是被強權在背後操弄的民族。

「錯誤的地理」是因為它長錯地方，地理位置實在太壞，就造成宿命的歷史悲劇，不斷的循環、不斷重複。這樣的歷史悲劇就形成他們「恨」的民族性。大韓民國的「韓」發音是「han」，「恨」也是發這個音。他們的「恨」並不是hate，一定要報仇的恨，而是一種失落感、一種憧憬、一種很難過的心情，都可以用「恨」來解釋。所以錯誤的地理造成悲劇的歷史，形成恨的民族性。所以你如果瞭解它的地理環境後，你就可以比較理解它為什麼會有那樣的民族性，甚至會比較同情他。

還有一個原因，韓國是半島的地形，土地跟中國相連。土地相連的關係，它有農業文化、黃土文化，是保守的、內向的。另外它也是三面環海的地方，靠海的地方就是海洋文化，海洋文化就是貿易文化，就是比較開放的、外向的。所以兩種文化都有，這樣的文化也形成他們兩極化的性格，保守的非常保守、開放的非常開放，造成兩極與極端的性格。你看現在南北韓的分裂與對立，軍事對峙、兩極，南韓你再把它從中間剖一半，南韓的東西兩邊對峙，南韓的東邊以前叫「新羅」，南韓的西邊以前叫「百濟」。百濟跟新羅一千多年的世仇，這樣的對立也是兩極。南韓現在的政治局勢裡，有自由派、進步派、改革派、保守派，這樣的對立也是兩極。所以韓國人經常是非黑即白、黑白分明的民族性格，非常兩極，沒有中間的灰色地帶、中庸之道。

所以這樣兩極化的性格，在國外，如果你碰到是一個好的韓國人，你可能喜歡他喜歡得不得了，韓國的一切都是好的，你就開始哈韓；你如果碰到一個痞子、壞人，你可能恨透了韓國人。我不知道剛才在座反韓的人，是不是有直接跟韓國人互動的經驗、吃過韓國人的虧？所以討厭韓國，還是從媒體灌輸給你的印象，所以你討厭韓國？但是我覺得你瞭解它的民族性、瞭解它非黑即白，兩極化的性格、瞭解它舉國皆恨，國家的恨、個人的恨這樣的民族性，你就可以稍微比較瞭解它了。

從一九一〇年開始，每逢西元的十年，南韓一定發生大事，特別是戰後，一九四五年之後，從一九五〇開始，一九六〇、一九七〇、一九八〇、一九九〇、二〇〇〇，到今年二〇一〇年。我們從今年倒回去看，今年三月發生「天安艦事件」，一艘南韓的潛水艇在西海爆炸沉沒，到現在誰是誰非還不知道，南韓指控北韓的魚雷攻擊，但是北韓否認。後來南韓政府大肆炒作這個新聞，想要拿來當作選舉議題操作，操作成為人民恐共的心理，結果反而效果適得其反。六月二日韓國的十六都與道的選舉，南韓選民給執政黨一個慘敗的教訓，南韓選民用選票告訴執政黨：我們不相信你指控是北韓擊沉天安艦。所以現在變成誰是誰非已經不知道了，到底是不是真的是北韓擊沉的也不重要了，南韓選民否定是北韓做的。不久以前，十一月二十三日，發生「延坪島海戰」，兩個軍人、兩個平民死掉、幾十個人受傷，這又是比較嚴重的一次。

我們倒數回去，從一九四五年八月日本人投降，大韓民國光復，八月十五日，美軍就進駐日本總督府，現在已經拆掉了，因為韓國覺得是個恥辱就把這棟建築物拆掉了。我們先簡單看一下韓國戰後的歷史。祖國光復後，韓國人非常喜悅，但是當時美、英、蘇三強主張朝鮮半島既然南北對峙這麼厲害，共產黨跟民主陣營對峙，不如讓聯合國託管，他們當時叫「信託統治」。結果全民反對，南韓反對、北韓也反對，所以在那情況下，由美國軍事政府接管統治三年，當時叫「美軍政時期」，有三年。一九四五年八月十五光復到一九四八年八月十五，美軍就把政權移讓給韓國自己管理，所以一九四八年七月，韓國成立了國會、制定新憲法，選出總統李承晚在八月十五日就職，大韓民國政府正式成立。

如果從一九四八大韓民國正式成立到今天六十二年之間，我們大約用「威權」跟「民主」兩個簡單的劃分法來區隔的話，一九四八至一九八八年這四十年之間，可以算是「威權時代」。極權政府統治時代，中間包括李承晚政府十二年的文人獨裁、之後朴正熙軍事革命，十八年的軍人獨裁，之後又到全斗煥，他在一九七九年十二月十二號發動第二次政變，又經過九年的軍人獨裁，所以有三十九年，跟台灣很像。台灣有三十八年的「戒嚴時代」，所以韓國三任獨裁政府剛好是台灣的戒嚴時代三十八年，一模一樣！韓國是到一九八八年民主化，台灣是一九八七年七月十五日解除戒嚴，所以時間點幾乎是同步、吻合的。

後來經過盧泰愚，盧泰愚基本上是政變的共犯集團之一，五年的轉型過渡，到一九九三年，三十一年來，第一次文人執政，一直到之後的金大中、盧武鉉，到現在的李明博，這是「文人民主時代」。所以一九八八年是一個區隔，一九八八之前算是威權時代，之後可以算是文人民主時代。我今天講的主題是「南韓的民主轉型」。它是一個物極必反的典型，極端的暴政，朴正熙加全斗煥，一直到現在完全開放極致的民主。今天韓國的民主程度不輸給台灣，自由、民主，甚至保障人權，他們甚至做得比台灣好，這個都是可以讓台灣學習的。

血淚交織的現代史

我剛才講每個十年就會有一次事情，一九五〇年「韓戰」，北韓揮軍南侵，三年的韓戰正式確立了南北韓分裂的體制。一九六〇年四一九學生革命，推翻李承晚政權，因為李承晚政權為了終身連任，他修改憲法、一修再修，後來又選舉舞弊、作票，學生起來抗爭。所以「四一九學生革命」就逼著李承晚下台了。這是第一次在南韓，民智未開的時代，學生認為他們是社會正義的代言人，所以他們要揭發不公不義，所以這個學生革命在韓國歷史上是非常重要的事情，手無寸鐵的學生把一個擁有坦克車、槍砲的政權給推翻了。

到了一九七〇年有一個成衣廠工人叫「全泰壹」自焚。他只有小學畢業，但是靠自己苦讀，讀了很多勞工、法律相關的書。他在清溪川，就是現在東大門成衣市場，當時叫「清溪川和平市場」，一個成衣工人為了喚起工人的自主意識，來對抗資方不人道的虐待勞工，非常不人性的工作環境、條件、待遇，所以他以自焚來抗爭。這之後就引發了二十年，一九七〇至一九九〇年整整二十年，韓國工運的勃興。你現在跟韓國人提到全泰壹，基本上他被認定是工運之神，韓國有一條馬路就叫「全泰壹大道」，很有名的一個工人。

一九八〇年就是「光州事件」。光州事件也是我今天要講的重點，為什麼光州事件會成為民主化的契機，而且成為全民反美呢？韓國人反美就是因為光州事件。到一九九〇年，朝野三黨合併，這是政黨史上僅見的，從來沒有見過完全理念不同的三個政黨，例如民進黨跟新黨結合，或者台聯黨跟親民黨結合，三個黨可以結合，理念不一樣，就是為了政治利益，為了孤立金大中。這件事情純粹是國內的，所以國際上並不是很有名。

到了二〇〇〇年金大中政府推動的「陽光政策」，對北韓的陽光政策。你知道政策有兩種，一個是

「懷柔」，就是用胡蘿蔔去引誘他，另一個是用棍棒去打他，棍棒是「高壓」。所以陽光政策就是所謂的「胡蘿蔔政策」，用懷柔政策去摸那隻瘋狗。北韓是嚴重的精神病患，我在政大有一門課叫「北韓研究」，第一堂我就跟學生講，北韓基本上不是一個國家也不是一個政權，它是一個宗教，而且是一個邪教。對一隻瘋狗你一定知道要順著毛摸牠，你逆著毛摸一定被咬。所以金大中順著毛摸的陽光政策奏效，後來南北韓在二〇〇〇年的六月十五日舉行歷史性高峰會，金大中也因為這樣得到了諾貝爾和平獎。這是諾貝爾和平獎第一次只頒給一方，和平獎照說應該是參與談判的兩造，締造和平，兩造都應同時得獎，但諾貝爾和平獎第一次只有單方面得獎。金大中得獎，北韓金正日沒有得獎。二〇一〇年基本上就是西海海域衝突，三月有天安艦沉沒、十一月的延坪島砲擊。

一九五〇年韓戰爆發。韓戰爆發，各說各話，北韓指控是美帝帶領南韓軍隊北侵，但是南韓跟美軍這邊指控是北韓南侵。事實證明是北韓南侵，因為如果韓國是主動北侵的話，不會三天就一路從首爾被打到釜山，逃到海邊沒路可逃。也因為韓戰讓台灣得到美國第七艦隊的保護，杜魯門政府下令第七艦隊協防台灣，免於被毛澤東的共產政權赤化。

三十八度線，南北韓分裂從此定型。大約以北緯三十八度線，但它不是一條直線，右邊有點朝北偏。南北各兩公里，所以它有一個四公里的狹長帶狀地帶。現在這四公里地帶是全世界最好的野生動物保護區，因為六十多年來沒有戰爭、沒有槍砲聲、沒有人煙去打擾，所以很多生態學家就跑到四公里狹長地帶去做調查，發現很多珍貴的珍禽異獸、保護類動物都在裡面。

學生革命推翻獨裁

四一九學生革命，給大家看一下，這是手無寸鐵的學生對抗坦克車，一九六〇年四月十九號。當然韓國的大學教授也很有guts，他們就站在背後挺學生，後來連大學教授都走上街頭，去對抗不公不義的政權。四一九隔年後，因為亂局有點沒辦法收拾，所以朴正熙在一九六一年的五月十六日發動軍事革命，到了一九七九被他的中央情報部部長金載圭殺死，結束了十八年的獨裁。

這是朴正熙統治時，金大中當年是反對黨的領袖，一個獨裁政府對異議人士、反對黨領袖的迫害。因為金大中曾經跟他在一九七一年競選過，當時朴正熙靠作票，贏了九十幾萬票，他們當時是總統直選，金大中落選了。落選後，金大中就一路在反對陣營當反對黨領袖。一九七三年他躲到日本去療養身體，被韓國中央情報部派人把他綁架回來。那次綁架金大中的行為，是侵入日本的主權與領土，把一個外國人從日本領土綁架走。綁到海邊一艘小漁船載運到公海，本來是希望綁到公海後就把他裝進麻布袋，丟到大海去，金大中這個人就從此消失了。結果這個行動整個在美國CIA的監控之下，CIA的韓國站站長葛瑞格完全掌控這個行動過程，結果就發了電報給那艘船的船長，說不准對金大中有任何輕舉妄動。

船長不敢做了，只好把金大中乖乖運回國內，結果隔天金大中出現在他家裡。因為金大中家等於是反對黨的總部，記者每天都圍著他家，記者就問他，你怎麼回來的？他說，我也不知道怎麼回到家裡的！結果引起日韓外交的軒然大波十幾年，日本非常不諒解。這個案子有點像台灣曾經發生過一個「江南案」，一九八四年軍事情報局雇用黑道到舊金山大理市把一個作家劉宜良，筆名叫「江南」，因為他寫了《蔣經國傳》，派了竹聯幫殺手到美國境內把一個美籍華裔的異議作家打死。金大中事件跟劉宜良事件有點像，只是金大中比較命大，沒有被作掉。

一九七五年，朴正熙連續發佈緊急命令第一條、第二條、第三條，一直到第九條，所以一九七五至一九七九，韓國人是靠著緊急命令第九號治國，那個緊急命令是僅次於戒嚴令，等於是非常緊急的命令。那比我們當時的戒嚴還更嚴格，人民完全沒有集會結社的自由，甚至不能組黨、批評總統，完全沒有行動自由。他們當時還有宵禁，半夜十二點到清晨四點有宵禁，不能在街上走路。所以一個極端的暴政之後，最後他被自己的中央情報部部長殺死在中央情報部的餐廳，一九七九年十月二十六日。

這個亂局的一個半月之後，十二月十二日，全斗煥發動軍事政變，一群少壯派的軍人掌握了政權。全斗煥當時跟駐韓美軍司令韋克漢（John Wickham），他們兩個都是特種作戰部隊出身，如果你看過電影「藍波」，特種部隊是全世界任何國家最精銳的部隊。全斗煥跟韋克漢在越戰時都被派到越南，那時候就認識了，兩個人在那時候建立關係，後來韋克漢被派到韓國當駐韓美軍司令。他跟全斗煥私交非常好，所以全斗煥很可能就是在美軍支持下所擁護起來一個親美、反共的新領導人，來接替朴正熙留下的權力真空。

極端殘暴鎮壓光州

隔年一九八〇年的五月十八日就發生了「光州事件」。前後十天，五月十八到五月二十七，整個光州市變成無政府狀態。光州人抗爭要求民主化，全斗煥派了最精銳的特種作戰部隊空降到光州。因為特種作戰部隊部署在前線，那是歸美軍管轄的，如果沒有駐韓美軍司令的同意，特戰部隊是不能調動的。那個部隊調動的意思是美軍事前批准，而且還從旁協助。所以韓國人從此就開始仇恨美國，就是因為光州事件。光州事件死了兩百零九人，四千三百多人輕重傷。每年的五一八，我連續四年都到光州去，我也幫台灣的二二八基金會跟光州的五一八基金會建立了很好的交流關係。如果以後你們有興趣到光州，五一八跟我一起去，我帶你們到光州去。

當時憤怒的光州人就去搶劫軍火庫的武器，組成「市民軍」來跟特種作戰部隊對抗。但是市民軍根本是烏合之眾，有些人根本連當兵都沒當過，就這樣跟全世界最精銳的特種作戰部隊要對抗。如果大家有興趣，我很樂意幫大家放一部二〇〇七年韓國最賣座的電影，當年超過鐵達尼號，叫做「華麗的假期」，網路 YouTube 上可能看得到，但是畫質不好，而且翻譯是中國人翻的，翻的非常差。這部片子就是光州事件的劇情片，非常好看，但是台灣沒有片商進口。我上次就是在周老師家放這個「華麗的假期」。

光州事件十天當中，光州人就發揮共同體的精神，他們互助合作，太太們出來做手卷飯給市民軍吃，也路不拾遺，沒有任何一家銀行被搶、沒有發生任何搶案、竊盜案。因為受傷無數，醫院人滿為患，到處需要捐血，甚至妓女跑出來說，我也可以捐，我的血是乾淨的！那種互助合作的精神在十天當中展現無疑。

光州事件後，一九八〇年十二月，全斗煥掌權之後，他進一步控制媒體。整肅媒體對新聞界來講，就是對新聞界的光州事件，有一千一百多個批判性比較強烈的記者被強制解聘。報老闆在槍桿子的威脅

下，被強制交出他們的報紙、電視台。當時報老闆、媒體老闆被叫去開會，後面是槍桿子頂著他們，他們沒人帶圖章，韓國人寫「覺書」（각서）就是memorandum，備忘錄的意思。「我為了國家和諧，積極響應配合國家政策，我自願放棄東洋放送電視台」，這是三星集團的老闆李秉喆，當時沒有帶圖章，只好蓋手印，槍桿子逼出來的。這如果在台灣那不得了！東亞日報的會長金相萬，也被迫交出他的東亞廣播電台、Samsung被迫交出他的東洋放送TBS、「韓國日報」的老闆張康在被迫交出他的韓國經濟新聞。非常殘暴的整肅媒體，他除了用武力鎮壓光州之外，用文的方式來鎮壓媒體，要求媒體聽話。光州事件之後，九月一日，他透過自己修改的憲法當上了總統。所以韓國人嘲笑他從一九七九年十二月十二日發動政變，到隔年九月一號才正式當上總統，前後花了八個半月的時間，這是全世界有史以來最久的一場政變。

我們現在談一下事件後的發展。一九八一至一九八七，後來受難者組成很多團體，包括死難者的遺族會、被逮捕者的家屬會、受傷者的同志會，從一九八一年開始，每一年都抗爭要求恢復受難者的名譽、要求追究真相。一九八一至一九八五又發生很多件大學生佔領美國文化中心，用很激烈的自焚來抗爭。他們佔領美國文化中心的目的，是因為美國文化中心是一個國際性機構，佔領國際性機構會變成國際新聞，他們希望引起國際媒體注意、形成國際輿論。到一九八五年進一步成立全國性的委員會，要求蓋紀念碑。一九八七在光州事件七週年，光州天主教會透過日本、德國教會，把德國、日本拍的紀錄片帶回來，第一次出版光州事件照片或錄影的畫冊。全國人很吃驚，第一次看到光州當年是那樣慘忍的被鎮壓，第一次影像資料曝光。

一九八五年五月，韓國大學生佔領首爾的美國文化中心，當天我也在現場，大學生他們偽裝到美國文化中心查留學生資料，兩個、兩個進去，等到全部七十四個人都到齊之後，就宣布佔領了，把所有的美國職員趕出去，佔領了四天。當時美國文化中心被大學生佔領當然成為國際新聞，所有外電每天都很詳細的報導，他們要求平反光州、要求民主化。

全民奮起六月抗爭

到了一九八七年發生六月抗爭。韓國民主化過程其實跟台灣幾乎是同步的。台灣在一九八七年七月十五日解除戒嚴，也是因為之前社會力的爆發，環保運動、農運、工運的興起，還有包括老兵，都跑到總統府前面示威，想家、想回故鄉，讓人看了都會掉眼淚。穿著一身黑衣服，背後寫著「想家」，在總統府前面，跟著國民黨軍隊來台灣四十幾年的單身老兵沒辦法回家。

一九八七年韓國一樣發生六月抗爭，一個導火線是當年一月，有一個大學生朴鍾哲被警察刑求致死，他被壓到浴缸裡溺死，從解剖的肺細胞來看，才知道他是被溺死。到六月，另一個大學生李韓烈被鎮暴警察的催淚彈打死。這張照片幾乎是一九八七年六月抗爭最具代表性的照片。好巧不巧，這個人也是個光州人，光州人最討厭全斗煥，百濟人最痛恨新羅人。一個月後給他辦了喪禮，這個照片也是我拍的，我當時人在現場，等於是全國的國民葬，一路送到首爾市政府的廣場，已經聚集了一百萬人，等於是全民都站了出來，非常強烈的民意壓力，要求民主化。

這是一九八六年的冬天，大軍壓境東亞日報、鎮壓報社。這是我，當時每天的裝備都是這樣，帶著頭盔、防毒面具，大概採訪半個小時的新聞後，把防毒面具拆下來，臉上的汗大概可以倒出三分之一杯的水！曾經有一個催淚彈打到我手上，但是沒爆炸，我就把它撿回家，供奉在電視機上當戰利品。結果有一次來了幾個韓國與日本記者，他告訴我說，朱先生，電視機會發熱，萬一催淚彈爆炸的話，你的房子三個月沒辦法住。韓國生產催淚彈的技術是 the best in the world，全世界最好品質的催淚彈，任何可以催淚的材料，辣椒、胡椒、大蒜，所有能催淚的化學藥品都放在催淚彈裡面，韓國製的催淚彈還外銷到以色列與南非。

我們再看一九八八年開始就是盧泰愚政府。他本身是政變的共犯，也是鎮壓光州人的幫凶，他並沒有很誠心的想要平反光州。我剛剛講的六月抗爭，在整個六月，韓國大都市的街頭都跟戰場一樣，後來在民意壓力之下，他被迫發表一個「六二九民主化宣言」，向民意全面投降。街頭民意所要求的民主化：修改憲法、總統直選、國會改革、保障言論自由，他照單全收、全部答應，也因為這樣保障了他在一九八七年十二月那次的選舉能夠當選。一九八八年國會的結構出現了「朝小野大」的局面，在野黨比執政黨的席次多，這樣的情況下讓整個民意更能在國會得到充分的發揮。

一九九三至一九九八年，這是很關鍵的五年。金泳三政府是三十二年來第一位文人政府。他把光州事件定位為「五一八光州民主化運動」、把政變跟屠殺定位為叛亂跟內亂，政變是軍人叛亂、鎮壓光州是內亂。他定位自己的政府是繼承光州民主化運動的精神而成立的民主政府。之後他強制解散軍中的一個幫派叫「一心會」，那些政變集團就是一心會的成員，把這些軍頭強迫退伍，等於叫這些軍人繳械。如果是一心會的成員，就不升任他當陸軍總司令或國防部長，把這些幫派全部趕出去，杜絕軍人再度干政。

司法制裁判亂與內亂主謀

他最重要的貢獻，就是在一九九五年十二月訂了兩個特別法，一個是「五一八民主運動特別法」，第二個特別法非常重要：「破壞憲政秩序犯罪之公訴時效特別法」，就是破壞憲政秩序的犯罪行為是永遠可以追訴的，沒有公訴時限的限制。這兩個特別法定出來的兩天以後，兩個前總統就被逮捕送到司法審判台，第一審全斗煥被判死刑、盧泰愚被判二十二年半。第二審全斗煥被減刑到無期徒刑、盧泰愚被減刑為十七年。

很多同學看到這張照片一直很好奇說，老師，他們兩個是 gay 嗎？為什麼他們倆手牽手？我說，不知道！他們有革命感情，從一起念軍校、他們都是大邱人，從軍校建立起革命感情，後來一起發動政變。照片右邊是全斗煥、左邊是盧泰愚。到此為止，光州事件算是初步平反了，五一八基金會在光州地下鐵車站有一個五一八陳列室，他們身上被塗鴉「죽여（給他死）」，光州人對他們的恨，可由此感覺到。

我現在要講他們清算過去、轉型正義的成效為什麼可以做到？民意跟人民的共識，透過社會運動來催生民主化跟清算過去。轉型過程中，軍隊的徹底國家化、服從文人統治和領導、在野黨的成熟跟成長，還有他們的政治選擇、政治領袖的謀略跟算計等等。後來金大中在一九九七年金融危機最緊張、最危急時當選了總統，等於是歷史還給光州人一個公道。金大中是百濟人，他的故鄉是木浦，在光州的旁邊，一千多年來百濟人的出頭天，就靠金大中的當選。

因為金大中本身也是政治受難者，到他上任時，轉型正義、清算過去已經完成、結束了，所以他就開始透過立法、設置各種制度性的機構。先透過制定「疑問死真相追究特別法」，疑問死就是離奇死亡，另外還通過了「民主化運動關聯者恢復名譽及補償之法律」，成立了「民主化運動補償審議委員會」。就是在威權化政府時代參加過民主運動而受害的話，可以跟審議會要求賠償。後來又成立「疑問死真相追究委員會」，開始調查在威權時代離奇死亡的案件。他們的情治單位也是非常惡劣，把異議人士隨便作掉然後棄屍水溝，甚至跑到法國追殺前情報部部長等。

到二〇〇一年他們正式依照聯合國標準成立「國家人權委員會」。我每次碰到我們的人權鬥士黃文雄先生，黃文雄就很感慨，他說提出成立「國家人權委員會」的構想，台灣比韓國早。大家記不記得，在二〇〇〇年阿扁在五二〇就職時，大家只記得「四不一沒有」，但是二〇〇〇年就職演說中，有兩段差不多有四、五百字的長度，就是講國家人權委員會的問題。那兩段是黃文雄所寫的。我們在二〇〇〇年五月二十日就提出要設立國家人權委員會，但是到現在為止，我們一直還沒成立。但是韓國在二〇〇一年年底已經成立了，而且是在聯合國的標準之下。

所以到金大中二〇〇二年卸任，在這些制度性機構跟法律的保障之下，盧武鉉二〇〇三年執政開始，他們已經成為一個百分百自由民主、保障人權的國家。所以二十一世紀開始，他們就可以邁向一個嶄新的未來。到二〇〇〇年兩韓在舉行平壤高峰會，表示他的懷柔政策發揮效用。我很坦白講，我到一九九七、一九九八年時，我還非常討厭韓國，我到那時候可能是全台灣最反韓的人，我在韓國當特派員時，我被二十四小時跟蹤，家裡電話被竊聽，甚至把我列入驅逐出境的黑名單上，警察國家對待外國記者的手段我都遭遇過，只差沒對我肢體迫害。一九八八年從韓國回來，我確定可以告訴大家，我是全台灣最反韓的人，一直到一九九七年金融危機，我還有點幸災樂禍，這個國家終於垮了，金融危機導致國家資產、個人的資產損失一半。

學習韓國人的積極進取

一九九八年國家貨幣基金來接管他們的經濟，但從一九九八年也是金大中執政，到二〇〇二年，不過五年，它可以從谷底翻身，重新站起來。我才發現這個國家、民族真的是不簡單！金融危機可說是韓戰之後的第二次國難，那樣的情況下，能從谷底重新站起來。他們很多家庭主婦就把自己結婚首飾、信物、金戒子、項鍊捐出來，一共捐了十億美金，我想這個事情如果發生在台灣，台灣人一定不會捐。所以我到那時候才開始去研究韓國人的民族性、他的優勢與長處到底在哪裡？他們的積極進取的精神，正是台灣人所欠缺的。

所以那時候我才開始改變，反韓是不是反的有點沒道理？你反對他當時迫害你的那部分，但是他今天能從谷底重新站起來，這個民族性的優勢在哪裡？你看一九八七至二〇〇二，市政府前面廣場截然不同的場景不過十五年而已。一九八七年的六月還在那邊抗爭，要求民主化，一百萬人，人山人海，然後二〇〇二年自由民主的浪潮瀰漫整個市政府廣場。再回頭看這個世足賽後的照片，完全是對照的。

轉型正義的重要性，我們需要清算威權的遺緒，包括制度性的、行為性的、意識型態性的。新興民主國家如果不去做這些轉型正義的事情，那麼合法性、可靠性會受到人民的質疑。如果消極的，像菲律賓艾奎諾政府並沒有積極的在做轉型正義的工作，後來離心離德，阿扁政府也一樣。韓國的狀況、全民的憤怒、全民的參與來催生民主化，他們比較是由下而上，台灣雖然也是由下而上的抗爭，但是我們的民主化是分期付款，一點一點給的，跟他們不太一樣。

如果大家有興趣，有兩本書，左邊那本是我寫的《國家暴力與過去清算——從南韓五一八看台灣二二八》，這本市面是還買的到；但這一本市面上不賣，這是二二八基金會出的，我幫他們編的，把兩個國家、三個蹂躪人權的事件，五一八光州抗爭、濟州島的四三大屠殺，一九四八至一九五四年，六年當中死了三萬人，這個歷史背景跟屠殺規模跟二二八比較接近。如果你們有需要可以去跟二二八基金會索取，這個書不是賣的。

不是因為我學韓文、我懂韓文、研究韓國，所以一直在強調韓國怎麼樣。而是一九四五年第二次世界大戰之後，亞洲民主化成功的國家只有台灣跟南韓，東南亞那些國家都不算，日本也不是。也就是Samuel Huntington所講的第三波民主化，在亞洲是台灣跟南韓。因為同樣都是儒家文化圈的國家，以這樣的經驗來看，我們能落實百分百西方式的民主，新加坡、中國沒有做不到的理由。謝謝，我就講到這邊。

現在這樣，因為我今天從反韓開始切入韓國議題，講韓國的民主轉型。從十一月二十三日到今天，我被不斷的約訪，上了五次電視，如果你看了公共電視，我上了兩次，年代、中天、東森都上了，還有外面雜誌的約稿。莫名其妙我在十天當中賺了三萬多塊，中間還拒絕掉兩次「新聞挖挖哇」，那種娛樂性、有藝人同台，我說，對不起我不跟他們同台演出，因為格調不太一樣。因為今天有兩個主題，一個是反韓的問題，另外一個是韓國民主化。當然，韓國民主化的議題，大家比較陌生，我今天帶來二十三日公共電視，我把最後兩段我的談話節錄出來給大家看。我不希望誤導今天的整個方向，全部倒到反韓議題，不過今天很顯然大多數的人還是反韓，沒關係，我想我們先看一下這兩段談話內容，之後你們可以不同意我的觀點，我們再來交流。現在開始放吧。

台灣人要有志氣「超韓」

還有一段，是最後一段，談韓國文化建設，因為有很多人反韓是因為我們被韓國文化侵略了。最後一段，差不多五、六分鐘。這是我覺得訪問中可以跟大家分享的。韓流文化，怪台灣自己不長進，我只能這樣講，我們過去不是沒有。你要把韓國當假想敵、你要討厭韓國、要反韓可以，但是你要有自信能夠超越他、能做得比他更好。我剛剛講，韓國人凡事要做最大、最好、第一，如果台灣人也有那種志氣的話，我們還是可以再次打敗韓國，表現得比韓國更亮眼。下面時間開放給大家發問，你可以不同意我的觀點，我剛剛講的，我們可以有些交流，不管是針對韓國的民主化、轉型正義的過程或是針對反韓風潮在台灣造成的影響。

同學問：

朱先生您好，很抱歉，您今天談韓國，但是我想問的是北朝鮮的部分。剛剛於演講中，您提到北朝鮮像一隻瘋狗，這部分我有一點疑問。當然要先說一下主題，就是可不可以從金日成先生的主體思想來談北朝鮮是瘋狗這件事。

朱立熙：

北韓的問題。一九九一年六月五日到十二日，我被北韓政府第一個邀請去訪問的台灣記者，我是第一個，他們就把我當貴賓一樣招待。因為有那段親自訪問北韓的經驗，後來我繼續翻譯書、翻譯北韓的書，現在在政大開一門「北韓研究」。基本上，一個國家能夠用那樣的思想控制，把人民控制到愚化、奴化的地步，坦白講全世界沒有第二個國家。我為什麼形容它是一個宗教呢？它不是個政權，也不是個國家，它就是個宗教。

你們有沒有人看過二〇〇七年「國家地理頻道」曾經派了兩個記者，跟著斯里蘭卡的眼科醫生到北韓去？斯里蘭卡的醫生因為他們有個眼庫，專門幫人家做眼角膜移植。北韓有好幾百人已經失明二、三十年，經過眼角膜移植後重見光明。白紗布從他們眼睛拆開後，第一件事情就是跑到講台前，對著金日成跟金正日的肖像下跪。那是自動自發的動作，「感謝偉大的領袖賜給我重現光明的機會。」這只有宗教信徒對他的教主才會對他做出這樣的動作。

為什麼南北韓統一必亡

我翻譯一本書叫《南北韓，統一必亡》，這是一個在西德柏林自由大學的韓國學者，他回韓國做研究後寫的一本書。他從東、西德統一經驗來看南、北韓統一會發生的問題。東、西德統一是西德合併統一東德，他認為，以現在南韓的條件，沒有當年西德的經濟力量可以合併統一北韓。同時現在的北韓，比當時被西德統一的東德來得更破敗、更凋閉，所要付出的成本與代價也更大。一九八九年東、西德統一之後到現在二十多年，德西大概投注了兩兆歐元到德東，還沒弭平那個無底洞！

這個看在南韓人民的心裡他們會怕，統一對我到底有什麼好處？他們年輕人都在這樣懷疑，那表示要失去我現在所擁有的。更何況儘管是同一個民族、講同樣的語言、同樣的文字，但是經過六十多年的分裂後，已經是不同的文化、不同的價值觀、不同的人性，完全不一樣。所以那一本《南北韓，統一必亡》，是以東、西德的經驗來論述，就是東、西德統一之後，才造成新的分裂，新的心理分裂，不曉得多久時間才能弭平這樣的分裂。

他就用這本書來看北韓，基督教的三位一體（Trinity），聖父、聖子、聖靈，北韓原封不動搬過去，聖父是金日成、聖子是金正日、聖靈是主體思想，你說他不是宗教是什麼？因為他是一個被逼上梁山的，所以我形容他是瘋狗。坦白講，這是全世界都知道、公開的秘密，就是駐韓美軍先把核子武器搬到南韓，你看南韓的地圖，有一個最突出的西海岬角叫「瑞山」，最靠近山東半島，就是美軍部署核子武器的地方。因為我曾經到那邊採訪過，有一艘十九個大陸難民搭著舢舨船到韓國的瑞山，把美軍嚇壞了。這是美軍最重要的核武基地，你怎麼漂到這裡來！但是這個基地，南韓跟美國絕對不會承認的。就像大家都知道以色列有核子武器，阿拉伯國家都知道，但是美國跟以色列就是不會承認。

因為美國把核子武器部署在南韓，讓北韓覺得受盡威脅。但實際上，美國的核子武器部署在南韓的目的，是為了防堵中國霸權的擴張，還有防堵日本的侵略性，為了牽制左右兩邊，而不是為了對付北韓。

但北韓就覺得充滿危機感，把自己逼上梁山，他一而再、再而三的用懸崖邊外交、用膽小鬼遊戲來跟強國周旋。所以基本上，它完全是一個變態的重度精神病患，你不需用言詞刺激它，它是一隻瘋狗，你得順著毛摸，才不會被牠咬。

我在這一期《今周刊》寫了一篇文章，十年來金大中跟盧武鉉的陽光政策證明是有效的，你對那個精神病患應該是用懷柔、應該用胡蘿蔔，但是李明博上台後又改用棍棒策略、改採強硬的。北韓又受到刺激，揚言隨時可以讓首爾成為一片火海、血海。兩邊劍拔弩張的對峙，對誰都沒有好處。所以我會比較傾向於韓國自由進步派所用的懷柔政策對付北韓。我不曉得這樣有沒有回答你的問題。

同學問：

老師您好，剛才聽到您講南韓作家所謂的《南北韓，統一必亡》，我這邊有點疑惑，如果兩韓合併，不談到經濟，不談到其他問題，一切如理想化的、非常和平、理性的統一之後開始全力建設國家，那這個情況下，認為利益會受到最大損失的國家可能會是那個國家？第二個會覺得利益受到損害的國家又是那個國家？會不會「合併必亡論」是這些國家的一些心態所造成的陰謀論？雖然我很反對、很痛恨所謂的「高麗棒子」，但是我覺得他們這個論調會不會是一種陰謀論。

朱立熙：

「南北韓，統一必亡」不是個陰謀，這是很務實的。從東、西德經驗來看南、北韓狀況。實際上這本書的作者，我看他心裡的動機還是希望統一，而他用「南北韓統一必亡」這樣的命題來警告韓國人，你要統一的話，需要面臨多少問題。舉個例子，韓國有個現在叫做「統一部」，它最早成立時叫做「國土統一院」，位階非常高，是副總理兼統一院院長，相當於我們的陸委會。有一天我的朋友去訪問統一院院長，請他問統一院的職責在做什麼？他說我沒事做。怎麼可能這麼重要的部門沒事做？他說，我真的沒事做，我每天都在讀金庸小說的韓文版。如果你真的要問我在做什麼，我只有做一件事情，專門在「研究如何不統一」。統一院院長在「研究如何不統一」？

我現在回答你的問題，為什麼南北韓這樣的長期兩極化對峙，他們在上談判桌之前，就互相把談判的價碼開得很高，高到讓對方沒辦法接受。南韓上談判桌一定要求北韓放棄核武、非核化，這是先決條件；北韓的條件一定是要駐韓美軍撤退，第二個廢除國家保安法，這也是一刀就要人家斃命。他們互相就這樣極端的民族性，把談判價碼抬到這麼高，讓對方完全沒辦法接受。這樣的統一對他們而言，並沒有任何意義。

中國最不希望南北韓統一

你說對誰有利？對誰沒利？我告訴你，今天幸虧有一個北韓在南韓跟中國的中間當緩衝區，中國是第一個最不希望南北韓統一的國家。你們記不記得歷史上「高句麗」曾經是中國東北邊陲的外患，中國現在一直不承認高句麗當年是韓國，他們認為這是它東北邊疆少數民族的一個政權。但是高句麗的勢力一路從朝鮮半島擴張到內蒙。高句麗對中國是一個惡夢，隋朝、唐朝都打過高句麗，一個不聽話的東北邊陲就是高句麗。如果今天北韓是這樣的狀況，對中國極大的威脅，幸虧有一個北韓在中間是緩衝區，所以儘管北韓那麼破敗，對中國是一個負擔，甚至是後院的一個不定時炸彈，但是中國還是需要照顧它。所以中國並不希望南北韓統一，我可以跟你講，這是100%確切的。

南北韓統一對誰有好處、對誰沒好處，這個命題講的都太早。南、北韓統一對日本不好嗎？不見得。它的復甦重建需要日本經濟幫忙。那南、北韓統一後，駐韓美軍沒有口實、沒有理由可以繼續留在韓國，那如果要繼續留在朝鮮半島，它的動機是什麼？還是對中國。所以坦白講，我覺得《南北韓，統一必亡》那本書的命題是用這個來警告南韓，如果要統一的話，要面臨什麼挑戰。一個分裂四十幾年之後，重新統一的東、西德，統一之後才形成新的心理分裂，更何況南北韓現在分裂的狀況，語言文字相通嗎？不盡然。北韓講的語言，受到中文的污染非常嚴重；南韓的韓語又受到外來英文的污染非常嚴重，所以他們語言能不能溝通都是一個問題，寫的文字也不太一樣。

所以兩個異質化的社會，語言、文化、價值觀、人性的異質化，北韓基本上沒有精神病患，醫院沒有精神科，他的政治犯都送到精神病院去了，然後全部趕到郊外。你說他沒有政治犯收容所？他根本不容許有異議份子的存在。一個國家可以把人民馴化到這個地步，對領袖盲目的偶像崇拜到那個地步，全世界沒有第二個國家。我到北韓時真的是非常吃驚，全世界銅像最多的國家就是北韓跟台灣。對不起，台灣也很多。

同學問：

朱老師我要請教你一個問題。因為剛才在談南、北韓統一的問題，我比較敏感一點，大陸跟台灣統一好不好？

朱立熙：

對不起，這個問題不應該是我研究韓國問題的人來回答。我不知道該怎麼回答，我想台灣的國家認同問題，那麼多、那麼分歧。其實過去幾年我幫台灣人權團體跟韓國人權團體做交流時，韓國人來到台灣感覺台灣人就欠缺兩樣東西，一個是台灣人的民族主義，沒有一個民族主義；第二個，台灣沒有國家認同。他們一看就很清楚。如果有一個台灣人的民族主義的話，國家認同自然而然也會形成。跟韓國（一直是主權獨立的國家認同）是完全不一樣的。

媒體做假應該強烈批判

我再補充一點，公共電視談話節目一開始有幾則新聞，我一開始痛罵媒體，包括砸掉韓國電視機、砸韓國電腦、去蛋洗韓僑小學。這些都是製造出來的新聞、導演出來的新聞！都是電視台安排去表演的，否則你怎麼知道那個人什麼時候要去蛋洗韓僑小學？你從畫面一看，那都是個人行為。我最後的媒體工作是華視副總經理，我一看新聞就知道那是假的、製造出來、導演出來的，那不叫新聞。但是我們台灣電視記者很可惡，他們一向集體行動，特別是地方記者，他們講好今天一起做什麼新聞，大家就去做。電視記者最怕的就是，跑了獨家，會被同業杯葛，大家認為你不合群，就會杯葛你。最怕的就是漏新聞，你漏新聞就會被台北總社刮鬍子。今天哪家電視台負責導演什麼事情，所以他們就集體去做。

我在華視做時，訂立一個華視新聞自律公約。「自律與淨化宣言」，其中有一條是，地方警局破案之後，帶著嫌犯到現場去模擬演出的新聞我們不採訪。我公開告訴記者，「你不用去採訪這種新聞。」一我後來知道這種新聞都是製造的。只要警局宣布命案破案、逮到兇手之後，第二天回到現場模擬演出，我們電視台得到通報後，就會通知家屬，明天早上警察會帶嫌犯去表演，家屬就去了。家屬去之後就很憤怒，對嫌犯拳打腳踢，這種新聞有衝突性、有動感，台北喜歡這種新聞。

我們就曾經有個車禍肇事者司機，被迫到靈堂跟罹難者祭悼、鞠躬，結果他被活活打死在靈堂！台灣是個法治社會，不是叢林法則，不能以暴易暴，受難者家屬的悲憤當然值得同情，但絕不是用這種方式到現場演出時對嫌犯拳打腳踢。這種新聞，我知道是地方記者安排出來的表演東西，我希望你們有判斷力，以後看到這種反韓新聞，或者那種一個人的行為，但是各台都播，你們應該打電話到電視台抗議。你們這些人不專業，而且不道德，你們各領薪水，卻做同樣的事。那我只要用一家的新聞、一個特派記者發通稿就好，為什麼大家都做同樣的事情呢。你們要有判斷力，這種新聞全部都是導演出來的，大家集體行動。所以那些反韓新聞、砸三星、LG電視機，那一定是一台壞的、不要的電視才在那邊砸。

我那天在罵的時候，連公共電視都罵進去了，後來覺得有點不好意思。人家請你來罵人還給你錢。Anyway，我只是希望給大家一個比較客觀的角度，你們怎麼樣去瞭解新聞真相，哪些是真的、哪些是導演出來的。

主持人：我們今天非常謝謝朱教授來給我們演講，因為時間關係，我們也沒辦法再做充分的討論，最後以掌聲謝謝朱教授。

（感謝逢甲大學通識教育中心吳書萁小姐紀錄整理）

建立以台灣為本位的正確國際觀
——從台灣人的韓國情結談起

世界杯足球賽即將落幕，前一陣子橫掃國際的南韓熱潮也告退燒。這股韓風對台灣所造成的衝擊，值得我們平心靜氣地省思。

當南韓打進世界杯足球四強賽之際，台灣的觀眾對於南韓的表現，從新聞媒體與網路上的大量民意反應來看，似乎是噓聲多於掌聲。除了責怪裁判不公偏袒南韓，也對南韓以地主國頻耍小動作感到不滿。直到南韓輸了德國與冠軍絕緣之後，觀眾對南韓的謾罵才稍告平息。

儘管這幾年來台灣因為南韓大眾文化的流行，而興起了一股「哈韓熱」，但是哈韓熱幾乎被這股噓聲完全淹沒掉了，以後能再恢復多少，很難預料。這是個有趣的現象，值得進一步觀察。

在先天上，台灣人受到國民黨政府從大陸帶來的認知所影響，對朝鮮民族有著一股「瞧不起的心理」（中國人當然對這個歷史上的藩屬或殖民地，有著極大的優越感）。但是在後天上，台灣人又因為十年前斷交的不愉快經驗，而一直潛藏著強烈的「受害意識」。台灣人對南韓的認知，可以說是交雜著既優越又自卑的情結，呈現了愛與恨的兩極化現象。

儘管如此，一個不可否認的事實是，台灣人從來沒有認真、正確地去認識這個曾經既友好又競爭的鄰邦。當年雙方口中的「兄弟之邦」，只不過是同為反共前哨站時的外交辭令而已，因為雙方不僅互相輕視對方，甚至還經常爭執究竟誰是兄、誰是弟。

儘管南韓的政經發展模式與台灣相當近似，南韓的經濟實力也一直較台灣遜色，國民所得也落後台灣一截，但八十年代以後，他們的軟硬體發展確已追上台灣，雙方已經平分秋色，沒有誰比誰更優越。台灣人也不應該繼續以傳統偏執的刻板印象來看待這個鄰國。

台韓兩國發展的歷程中，除了國情與社會背景之外，最大的差異乃在於雙方的價值觀、民族性與做事的方法。例如，南韓人有著強烈的賭性、不落人後的好勝心，以及為達目的不擇手段的蠻幹精神。這些性格特質都是台灣人所沒有，而且也學不來的。同時，在經濟發展方面，台灣以中小企業為主的發展模式，較諸南韓以大財閥壟斷的形態，當然使社會財富的分配更為均等，「藏富於全民」是台灣最成功的經驗；而南韓會在五年前爆發金融危機，使得國家資產與人民財富在半年間折損一半，就是因為「經濟民主化」的程度比台灣落後，而且又背負了全球最高的外債，國家與財閥企業都是靠「以債養債」在過日子。這是台灣人絕對學不來，也不屑做的。

台韓斷交後，雖然雙方刻意無視對方的存在，但卻不時偷偷以對方為鏡子互相學習與影響，然而因隔閡太久或從未關心過對方，造成經常因為認識不足，而只拿對方膚淺的表象來做錯誤的類比。

一個最明顯的例子，就是每當朝鮮半島稍有和解的跡象（例如二千年六月的兩韓高峰會），就會牽動台灣島內統派人士與媒體的敏感神經與自卑感，而拿來嘲諷海峽兩岸停滯的協商，並施壓政府當局，指責我方是兩岸關係僵持的禍首。最近的韓國足球熱潮，又可以被統派媒體藉機大肆誇大南韓的經濟復甦，極力唱衰台灣，甚至讓人民都對自己喪失了信心。

連南韓的左派作家、北韓政權欽點的御用傳聲筒黃皙暎，都被統派的台北市文化局長龍應台稱為「韓國的民族英雄」，因而邀請他今天到達台北擔任「駐市藝術家」，想趁這股韓國熱，以純文學作家之名來推銷他的「反美帝」、「自主」、「統一」的北韓式統一概念，並將安排他與台灣的左派作家對話。統派的台北市政府，若不是想把市民教育成北韓共產黨統一模式的信徒，需要如此向北韓的第一號打手取經嗎？文化局上下連他的背景，以及他在南韓主流社會的爭議性都不了解，就請他來愚弄台北市民，市民應該大聲向文化局說「不」。

（原載於自由時報社論，2002.6.29.）

輯二：充滿沙文主義的韓國

富川警察署「性刑求」事件

最卑劣的暴行

美國女詩人雅德里安．瑞奇（Adrienne Rich）在一首聳動題目：「強姦」（Rape）的詩裡，這麼寫著：

有個警察，他是個強暴覬覦者，也是個父親，
他是你的鄰居，跟你的哥哥一起長大，也有一些理想。
你沒見過他穿著長靴，戴著銀色的警徽，騎在馬上，一手扣著手槍。
你不認識他，但你還是得知道；因為他擁有可以殺你的致命武器。

瑞奇指控的「強姦」並非個人問題，而是社會倫理與體制層次的問題。女詩人所主張的強姦，並不僅限於男性以暴力為手段，侵害特定女性的性自主權，而是男性將女性視作支配與榨取的對象，如此，才是所謂強姦行為與男性本位法律制度的真正意涵。因此，即便是極其善良又細膩的鄰居或哥哥的朋友，在成為體制運作者的瞬間，便成為不折不扣的強姦覬覦者。警察是擁有執行法律權限的公職人員，這位公職人員是個男人，當他穿上皮長靴、戴上銀色警徽、配上馬匹與手槍等道具的瞬間，他已經成了強姦者。女性學者蘇珊．布朗．米勒發表的宣言傳達了更強烈的訊息：「所有男人強姦了我們，透過眼

睛、透過性器官，以及他們無恥的道德規範。」

這首詩的核心主題即為男性本位的道德規範。男人以自己的道德標準來評斷女性；不僅如此，還以自己信奉的理想強加於女性。掌握法律制度的男性，擁有人類特殊行為中「性」的主導權，並以此為武器。「性刑求」便是將這項武器，以最卑劣的方式惡用的體制暴力。

前所未聞的事件

一九八六年五月三日，仁川爆發了大規模示威，要求總統直接選舉。由於勞工有組織地聲援，示威規模相當龐大，公安當局繃緊神經戒備，政府更擔心這次事件在未來會餘波盪漾。在這樣的狀況下，「性刑求」如此前所未聞的時代性事件爆發了。同時，事態的發展催化了不道德政權的崩潰。事件背景源自一名年輕女性「渴望翻越高牆」的決斷與幾位法律人的時代使命，讓女子的決斷成功凝聚了社會的憤怒。

一九八五年七月，國立漢城大學衣類學系四年級生權仁淑遭學校退學。這是當時對於學運份子最典型的鎮壓手段，她涉嫌主導校內的非法集會。當時所有集會都是非法，即使是校內的和平集會也一律禁止，只要有學生聚集、呼喊口號或散布傳單，負責校內巡視的警察就會將示威學生的名單通報校方，再由表情僵硬的教授們作出處分，學生連辯解自身立場的機會都沒有，甚至還發生過懲戒了同名異人、讓人啼笑皆非的荒謬事。

被學校退學的權仁淑，隱匿過去的學生身分，轉進漢城近郊一家成衣工廠「現場學習」將近一年。一九八六年五月二十日，權仁淑借用別人的身分證，到富川工業區一家叫「誠信」的小型馬達製造公司就業。當時學生運動的重要手段之一就是現場學習，以此喚醒勞工意識，爭取平等的地位，為了達成這項目的，他們選擇的方法之一就是「偽裝就業」。從學運份子的立場來看，在就業過程中，可以直接體驗殘酷的勞動現場，並將自己所信奉的抽象理念落實在勞動現場上。這些理想主義性格的學生相信，啟迪無知無力的勞工覺醒，是他們的責任，他們對於全泰壹這樣的受害勞工，各個都有著師道意識，要讓他們交上大學生朋友。因此，他們抱持炙熱的使命感，讓勞工對現行法令所保障的自身權益有所認知。為此，有些學生甚至以意識型態的覺悟作為武器，矢言透過「勞學結盟」的鬥爭，打倒壓榨勞工的資本家政權，進而創立另一種型態的政權。企業主發現這些學生「不純的」意圖後，都拒絕大學生的進廠就業，大不得已之下，他們只好隱藏學生身份，冒用他人的身分證來就業，這就是所謂「學出」（學運出身）的「偽裝就業」。八〇年代在首都工業區就業的「學出」人數，據估超過了四千人。

對於這種變相的勞學結盟作法，檢方向來以偽造文書的罪名，起訴偽裝就業者。對於相對單純的勞工，政府原本就採取孤立的方式，也就不會有管理上的困難，但是學生透過集體傳教的方式來鼓動勞工，極可能引爆國家層級的社會問題，因此必須即刻遏止偽裝就業。

權仁淑在「誠信」上班不到十天，昔日的學生身份就暴露出來，她只好立即辭職，但是她未依住民登錄法辦理戶籍遷入申告，當地里長與鄰長向警方檢舉，她因此在六月四日被警方逮捕。接到通報的警方，一聽到「可疑人物進來了」就馬上出動，猶如朝鮮時代的「五家作統法」，或是美國西部開拓時期「惡棍申告法」，對工業區周邊的居民，徹底實施相互監視的制度。在那個時代，勞工隨時可能成為被懷疑的對象。

調查過程中，權仁淑坦承自己違法的事實，將他人的身分證貼上自己的照片，從事偽裝就業，檢方以偽造文書的嫌疑起訴權仁淑。然而，事件並未就此結束。當時，警方正全力搜捕五三仁川事件的背後主使者，富川警察署的「公安擔當室」不停逼問羈押中的權仁淑，包括仁川勞工聯盟委員長楊承祚等人在內的通緝犯名單之中，是否有認識的人、通緝犯現在何地等問題，權仁淑全部回答不知道，但辦案警官依仍不放過她。他們深知利用女性最脆弱的心理——對性的羞恥心，辦案官開始對權仁淑毛手毛腳，撫摸她的胸部，同時以猥褻的言語刺激她，「你是處女嗎？」、「胸部看來不像處女！」、「有沒有自慰過？」等等，權仁淑始終回答不知道，於是，警察拉下她褲子的拉鍊，把手伸進內褲裡，權仁淑感到極度的羞恥與難堪，供出了與五三仁川事件毫不相干的朋友名字，胡亂編湊友人的住址。警方出動抓人，但權仁淑提供的線報於事無補。上級找來了調查課長文貴童，命令他以「那種方法試試」。專家都知道「那種方法」是什麼，期望文貴童能發揮「新的功能」。

六月七日晚間，文貴童開始以「那種方法」審訊。權仁淑全身被縛綁，一路被髒話羞辱，全身到處被揉捏，他把權仁淑的衣服脫光，也脫掉自己的，將性器塞進權的嘴裡，接著從後方把性器插入權的陰部，進進出出反覆好幾次。像文貴童這樣惡質的刑求方式，過去韓國的調查機構也都做過。一九八二年釜山美國文化中心縱火事件後，在監獄中服刑的主犯文富軾，讀了權仁淑的手記，不禁想起自己熟知的性刑求案例，也將內容記錄在書裡。根據文富軾的描述，他的案件在調查過程中，涉案的女伴被調查人員裸體倒掛，遭受嚴重的暴行，他間接透露一九八二年當時就有性刑求的惡行。後來在一九八四年九月四日，漢城清涼里警察署也發生類似事件，接受調查的慶熙大學女學生被鎮暴警察強暴。一九八三年三月十三日，國立漢城大學發生女學生遭到性醜行的案件，俗稱「杜鵑花事件」；接著九月四日，外國語大學也發生警察對女學生伸出狼爪的案件，十一月三日延世大學也發生了類似的情況。十一月十三日「韓國基督學生聯盟」（KSCF）發表聲明：「是警察？還是強姦犯？」十二月三日漢城律師公會組成調查委員會，著手查明真相，但因為無法掌握確切證據被迫結案。警方對此一貫主張「毫無事實根據」，並指控這是為了破壞警察形象的陰謀。由這一連串的案例綜合來看，如同前面雅德里安・瑞奇的控訴，大韓民國所有的警察其實都是強姦預備犯，絕非過言。

權仁淑內心感到極端的羞恥，在拘留所過著痛苦與煩悶的日子，她把遭到性刑求的事實告訴一起被羈押的學運份子。後來，進出拘留所的基督教牧師得知了權的遭遇，性刑求事件傳遍了基督教團體。七月一日，第一位見到權仁淑的律師李相洙，得知這樣的消息備感衝擊，經過一番苦思後，決定告訴正法會的律師學長，他們立刻組成了對策委員會。由李敦明、洪性宇、趙準熙、黃仁喆等昔日的「四人幫」擔任指揮部，趙英來、李相洙、金尚哲、朴元淳等人負責辯護的實務工作。隔天，洪性宇與趙英來會面權仁淑，確認她本人的意願，同時進行具體的辯護準備，逐一面談相關人員，包括權仁淑本人、與她一起被羈押在仁川監獄的受刑人、因為她而被調查的工運人士，以及一同關在富川警察署留置室的人等等，從他們的陳述中尋找證據。當時律師團所展現的團隊精神，今日被推舉為韓國人權辯護史上的模範案例。

一九八六年七月五日，九位律師對主犯文貴童、指揮上司玉奉煥署長、調查科長，以及直接、間接參與調查的三名刑警，向仁川地方檢察廳提出告訴。訴狀中對規避責任的警方與默認此案的檢方，予以尖銳的斥責。

我們對這個難以啟齒、骯髒得天人共憤的蠻行，實在忍不住驚愕與戰慄，因為它竟然發生在警察局裡。尤其，應該維護人權的檢方在知情的狀況下，還讓犯人保有警官身份肆無忌憚地在外招搖，讓我們不得不懷疑，這個國家的法律秩序是否只是形式上的存在而已？一位讀到最高學府的少女，連自己遭受難以啟齒的強暴醜行的事實，都鼓起勇氣透露出來，究竟還需要什麼證據，否則無法調查？只因為警察局裡沒有目擊者，就能夠這樣為所欲為嗎？無辜的人民在警察的橫暴下犧牲，如果檢方對警察蹂躪人權的行徑，都採取袖手旁觀的冷漠態度，那就完全沒了遏止之道。如果這件事情的真相無法追究，對主犯與相關負責人不予以嚴懲的話，往後女性同胞經過警察局前面時，必然都會驚恐不已。

這個事件的本質並非文貴童這個變態的性慾者，在偶發的衝動下所導致的單一犯行，而是在警方的共犯結構內，以預謀的性刑求計劃，進行組織性的犯罪。因為本質如此明確，促使整起事件轉變為政權道德性的問題。律師團在告訴狀的結尾，對檢方追加一項訴求，以「注意事項」為開頭，要求揭發警方所有的貪腐不法與弊案。大韓辯護士協會（全國律師公會）也加入了聲援，大韓辯協人權委員會所屬的律師，組成了真相調查委員會，在七月二十一日以會長金殷鎬之名發表了公開聲明。

然而，如同韓國成語「賊反荷杖，有分寸」，惡賊必然會在關鍵時刻進行反擊。律師團提出訴狀當天，文貴童也對權仁淑提出反控，指權仁淑捏造事實，聲稱權的指控完全是子虛烏有，誹謗善良警官的名譽。仁川地方檢察廳接受了雙方的告訴與告發，從七月六日至十四日展開密集的調查，並讓權仁淑與文貴童作對質審訊。

七月十五日檢方終於發表了「富川署事件調查結果」，檢方綜合調查結果表示，「文貴童只不過輕輕碰觸三、四次胸部」，不算是性侮辱行為，同時考量他長期擔任警察公務員，對國家貢獻良多，因此對文貴童予以不起訴處分。另一方面，檢方為了息事寧人，對玉奉煥署長與文貴童，分別予以免職與撤職的處分。然而，檢方對事件真相極盡歪曲之能事，在發表調查結果的記者會上，數度指控權仁淑是「為了特定目的不惜做出卑劣勾當的學運分子」，同時散布「公安當局分析資料」的傳單來污衊她。不僅如此，安企部直指權仁淑「將性當作革命的工具」，對她展開惡意的抨擊，連新聞媒體也沆瀣一氣。當時的安企部長張世東後來淪為階下囚，他以受刑人身分接受調查時，曾對該事件進行陳述，他表示：「這是前總統的決定。」暗示當時的判決受制於政權層次。

辯護律師團立即採取了因應的措施。七月十八日，律師們罕見地召開記者會，清楚地羅列了檢調的虛妄，以及調查過程中的弊端。辯護律師團透過縝密的邏輯推理，揭示明確的事實，讓檢方發表的調查報告不堪一擊。聲明最後對不義政權提出宣戰。

我們以辯護律師團全體的專業與人性尊嚴、名譽與誠信之所繫，在此鄭重宣示。權小姐的所有主張都是事實，絕無半句謊言。權小姐本人提出的訴狀，以及本律師團提出的告發狀，記述了在富川警察署內遭受性刑求的事實，如此天人共憤的蠻行，醜陋到無法以筆墨形容。在真相公諸於世、涉案當事人全部依法懲處之前，對於這前所未聞的蠻行，我們辯護律師團、所有國民乃至山川草木，絕不會沈默以對。可怕啊，可怕！這一事件攸關社會的法律秩序，以及人權與人倫道德的存廢。

即使法官的判決一意孤行，律師仍必須在法庭上堅守尊嚴，這是長期以來的傳統也是慣例。然而，在檢察官與法院無法善盡職責的情形下，自然無權要求律師在既定的框架中活動。律師團針對富川署性刑求事件的調查報告，召開記者會向檢方提出抗議，同時揭露了黑暗時代的司法面貌。

辯護是為了讓被告或涉嫌人得到有利的判決，如果檢察官不做公正的調查、法官不傾聽辯護，我們又該向誰來訴說呢？

九月十五日檢方做出不起訴處分的同時，辯方向漢城高等法院提出了「裁定申請」。所謂的「裁定申請」，是對擁有起訴獨佔權的檢察官不信任時，所誕生的牽制機制，犯罪行為的被害者可以對加害者提出告訴，請求懲處，一般人民也可以對犯罪行為提出告訴，然而，接受告訴或告發的檢方，在調查之後若做出不起訴的決定時，不滿的受害當事人有權質疑檢方的決定，向管轄的高等法院提出要求糾正的申請，高等法院接受申請之後，若判斷其申請有理，就可以從律師當中任命特別檢察官，代行檢察官的職責。

改變歷史的選擇

權仁淑決定將自身的遭遇公諸於世，並向不道德的政權提出控訴。這是一個改變歷史的選擇。深陷苦惱的權仁淑求助基督教團體，基督教人權委員會對此表示支持，到看守所要求面會權仁淑，但所方以非家屬為由拒絕。聽到這個消息的權仁淑，與收監在所內的同僚串連，展開集體的絕食抗議。七月一日，李相洙律師終於成功見到權仁淑，但此時權仁淑的父母已經選任律師，對於偽造身分證的部分寫了悔過書，並以此為條件朝緩刑的方向努力。當權仁淑向父母吐露遭到性刑求的事實，並表示有覺悟要正面迎戰，驚慌的父母心疼女兒所受到的傷害，往後還必須面對社會的眼光，家人也可能遭受牽連，想說服女兒就此罷手，但權仁淑的態度非常堅決。世上任何父母，對子女的痛苦絕不會視若無睹，但如此悲慘的遭遇實在令人難以啟齒，為何女兒執意公諸於世，父母對此感到相當困惑，但他們尊重女兒的選擇。從此刻開始，他們忍下了所有痛苦，成為對抗不道德政權的忠實後盾。

七月十五日，權仁淑聽到檢方荒謬的調查報告之後，在看守所內主導了絕食抗爭。接著七月底時，發生了三名高麗大學女生到仁川地方檢查廳縱火的事件，三人當場被逮捕，其中有一名學生遭火灼傷，但檢察官竟然沒將她送醫，直接送進看守所收押，權仁淑對此發動集體抗爭，直到學生被送去治療。權仁淑在獄中的鬥爭，到獲釋前一共持續了十三個月。權仁淑勇敢的選擇與堅定的意志，成為對抗醜惡公權力的原動力，將所有惡行攤在世人眼前，沒有讓歲月的橫流吞噬這些悲慘的遭遇。

權仁淑與律師展開總體戰，擴大了整起事件。十月十日，律師團以國家為對象，向漢城地方民事法院提出訴訟，對於性刑求的事實，以及捏造、企圖隱匿等不法行為，要求二億韓圜的精神賠償金。時隔兩年三個月，他們打贏了這場官司。

社會的反應

根據權仁淑的回憶，對於性刑求的問題，最初勞工與學生沒有站出來相挺，讓她相當難過；相反地，一般市民與社運團體的積極反應完全超乎預期，讓她非常訝異。性刑求這前所未聞的事件，經過口耳相傳變得廣為人知，也激起了眾人的憤怒，尤其是對「第五共和」（全斗煥政權）正當性充滿懷疑的族群。檢方的不起訴處分，更刺激了高壓政權下快要窒息的國民，讓許多人陸續加入反軍事獨裁政權的抗爭行列。

關心韓國人權的外國新聞媒體，也持續報導性刑求事件。外國媒體與人權機構之所以對本案高度關心，是因為辯護律師團在每個階段都會發出英文的報導。對年輕女性的性刑求事件，其嚴重性足以與南美洲國家匹敵，堪稱最卑劣的人權侵害。

政府當局也深知該事件的嚴重性，竭盡隱匿之能事。對國內媒體下達的「報導指針」，原本被媒體通稱為「性刑求事件」，被迫改用中性的字眼，統稱為「富川署事件」，在檢方公布調查結果之前，任何形式的報導一律禁止，當局的反應簡直到了神經質的地步。

各社運團體也相繼發表聲明。七月十一日基督教、天主教、佛教三大宗教團體與女性團體聯合組成「富川警察署性刑求對策委員會」，聲明文末表示：「以刑求手段作出強暴醜行，寡廉鮮恥的軍事獨裁政權下台！」教授也不再袖手旁觀，一九八六年七月十九日，國立漢城大學教授發表題為「我們對性刑求事件之主張」的聲明。

喪失道德性的國家權力，只不過是暴力而已。因此，當前遭到質疑的國家權力，如果內部有腐爛的部分，應該嚴密地篩檢、大膽地公開出來，並毫不留情地割除，才能恢復其道德性。這種事件並非個人偶發性的犯罪行為，而是二十多年以來，高壓統治的軍事政權把人民踐踏在腳底下造成的荒唐，我們要求銘記這一點，並冷靜地自我反省。

我們會淪落到如此境地，在野黨與媒體也應該捫心自問，自己是否善盡了職責。過去媒體無法履行自身的本分，由學生來代行其責，多少年輕學子因此悲慘地犧牲。我們希望媒體痛切反省，至少對於這起事件，你們能夠善盡職責，我們以全民幼女權小姐之名，在此提出強烈訴求！

整起事件也在國會引發討論，卻沒有任何結論，充其量不過是打嘴炮而已。當時在野黨重量級國會議員金重緯的發言，揭示了執政黨與政府的觀點。

半個月來，強忍自己受害的事實、讓一切埋藏在記憶中的女性心理，以及對難以啟齒的遭遇卻能毫不保留的心理狀態，對女性而言，究竟何種狀況更為可能？（……）一位富有學養的女性，對於刑警每兩個小時一次的性刑求，卻沒有任何反抗，就常理判斷，這似乎缺乏說服力。

在野黨國會議員認為，就常理而言難以說服他，那他不妨在相同的節骨眼上試試看，看能說服得了誰。怎麼會沒有反抗？即使反抗了又能怎樣？在漆黑的密室裡，想要脫逃卻連手指都無法動彈，全身被綑綁住的女性要如何反抗，才能讓外界知道她曾經痛苦掙扎？

辯護律師團的全面戰

趙英來擔任律師團的中樞，集結眾人的智慧與策略，展開全面的總體戰。他們完成與權仁淑的訪談紀錄，隨時準備公開，直接造訪證人以保全證據。動搖媒體的最後關鍵，是樞機主教金壽煥出面相挺，律師團藉由各種管道，說服樞機主教，成功得到他寫給權仁淑的鼓勵信，這封樞機主教寫給獄中少女的信，隨即被對外公開，即使當局能夠控制國內媒體，對外國媒體的報導卻是束手無策。顯然，金壽煥樞機主教在國際社會上的份量不容小覷。在黑暗的時代裡，許多宗教人士貪圖一時安逸與獨裁政權交好，但天主教卻屹立不搖。一九六八年，池學淳主教出任原州教區主教時，點燃了民主化運動的火苗，成立了「天主教正義具現司祭團」。司祭團與天主教徒團結一心，讓天主教的民主化運動在黑暗時代下綻放輝煌，漢城的明洞聖堂正是天主教民主化運動的最高峰，許多人即使不是天主教徒，依然把明洞聖堂視為精神的聖域。雖然世俗權力施展了鐵血政治，但金壽煥樞機主教在韓國天主教的崇高地位，讓國民對他充滿信賴與尊敬，威信絕非等閒。七月十九日，明洞聖堂外舉行了「富川警察署性刑求事件揭露大會」，一名公職人員也挺身響應集會，向廣大市民發表談話，聲討政府的不當作為，卻也因此遭到免職。隨後二十八日，他發表「良心宣言」要求公務員覺醒，「不要再充當獨裁政權的劊子手」。

一九八六年七月二十一日下午七點，金壽煥樞機主教在明洞聖堂主持「守護女性人權與生存權」的彌撒，同時發表特別談話，表示「人權問題比修憲更迫切」，對辯護律師團表達明確支持。

對於受害者權小姐提出的控訴，以及律師團在訴狀中記載的內容，我深信不疑。我相繼讀了律師團的訴狀、報上刊登的檢方調查報告、律師團的反駁聲明，以及律師團對我親自說明後，我不得不相信這起事件的真實性。如同律師團指出的，一位有自尊的少女公開自己遭遇的性醜行，這是你我都難以想像的。尤其，權女目前所處的狀況，絕對是不得已的。權小姐現在身陷囹圄，失去自由之身；即使是自由之身，我們也無法想像，一位少女將肉體遭受蹂躪的過程公諸於世，這需要多麼大的勇氣。

趙英來的先見與投入執筆

在律師團中，趙英來與朴元淳包辦了各種文書執筆。朴元淳律師聽完權仁淑的遭遇之後，只認為是「罕見的案子」，但趙英來卻直覺認為，這起事件將會嚴重打擊政權的道德性，下定決心要全力以赴。第一審辯護書的草稿由朴元淳負責執筆，朴元淳寫的草稿已經非常壯觀，法律界很少人具備這樣的文字功力，既能夠維持品味與格調，又能夠激勵大眾。然而，他費盡心思撰寫的草稿，趙英來只瞥了一眼，二話不說丟到旁邊。平時兩人交情很好，不需要客套，但面對這麼重大的案件，至少應該有句評語才對，英來卻連誰是誰非也不談，讓朴元淳非常困惑。距離開庭辯護剩下不到幾天的時間。

趙英來把朴元淳的草稿擱在一旁，自己動起筆來。是少見的「慢筆」，抽一根煙才寫一句，寫完一段就反覆默念，仔細修改毫不馬虎，因為他認為這不是單一事件，而是改變天下的轉捩點，足以動搖政權倫理基礎，同時對女性性的價值與論述產生根本性的轉變。英來的腦海中已經有個明確的構想，它必須是一篇邏輯完美的文章，同時要作出感性的訴求，必須從個人層次抽離出來，成為社會整體的問題，避免急躁、跳躍式的邏輯思考。開庭當天清晨，雞鳴此起彼落，趙英來仍傾注心力刪減增補，反覆推敲用字。朴元淳後來回憶說，在等候出庭時，英來仍在修改原稿，分秒必爭。一篇劃時代的文獻終於誕生，至於是誰寫的初稿、要用誰的名義發表，都已經不重要了。英來只在乎這篇文章是否能適切地、有效地彰顯出時代問題。

對於自己的草稿遭到棄置，朴元淳內心頗為難過，直到他讀了前輩寫的辯護書後，他才明白事件的本質，也體會到自己與學長之間的差距。那不是文字功力的問題，而是對事件觀點的差異，他發現自己的草稿格局有限，只是一篇企圖說服法官的辯護書，但趙英來的文章不是為了法官，而是瞄準數千萬國民的心。朴元淳在法庭上看見英來以這份心血結晶賣力辯護的模樣，讓他領悟了這一切，而他的遺憾在上訴時得到了補償，親自撰寫了辯護書。後來，朴元淳負責撰寫部分的歷史性文件，為法律人留下更縝密、更精確的法律文獻。一九九三年「國立漢城大學禹助教性騷擾事件」之際，擔任辯護的朴元淳想起了趙英來的先見之明，他追隨英來的作法，把事件的格局擴大，將其視為改變社會倫理的契機。最後，他成功了。

法院扭曲的嘴臉

左等右等，把無限的盼望寄託在法庭，但最後卻讓律師團失望了。不尋常地延遲了將近一百天，到十月三日才召開第一次庭。律師團針對性刑求問題，指控當局恣意妄為，不當行使公權力。然而，審判庭卻採納檢方的請求，把焦點侷限在權仁淑偽造文書的問題，最終淪為文字遊戲與枝微末節的審理，將司法的消極面表現得淋漓盡致。其實，這也呈現了悲情時代下，韓國法院扭曲的嘴臉。律師團對裁判庭提出迴避申請，卻立刻遭到駁回，重開庭訊時也一樣，推事們就像木偶一樣，癡呆地坐在位子上。有旁聽民眾大聲疾呼「收押文貴童！釋放權仁淑！」卻隨即遭到法警驅離。依法規定，審判必須公開，但審判庭卻限制一般旁聽的人數，惡用自由經濟的「先後順序」原理加以限制，預先把旁聽證分發給法院內的同仁當暗樁，利用各種權宜手段，試圖遏止事件擴大。國立漢城大學法律系出身的小說家趙星基，後來在一部中篇小說中，描述了該事件的續集。他記錄了文貴童受審的旁聽經驗。

> 穿著黑色法袍的三位法官，像木頭人一樣被擺在那裡。坦白說，法庭上最不協調的，就是這些法官。其實，我有種很直覺的念頭，如果沒有法官的話，審判應該可以進行得更好。

這何止是小說家趙星基的感受而已？法官的表情在人民眼中就像是「木頭人」，如果說他們不是獨裁政權的劊子手，也躲不掉司法機器的指控，因為在旁聽民眾眼裡，這些人不過是「沒血沒淚」的木偶娃娃。

法庭的飆淚辯論

權仁淑再度燃起鬥志。審判庭首先對被告進行身分認定，在開始審理之前，被告權仁淑要求審判長給她陳述的機會，她以四十分鐘的時間，平靜地對這段日子的遭遇作出陳述，同時表達自己堅定的信念，這當然是事先與律師團協議的內容。法庭內非常靜肅，偶爾傳來啜泣的聲音，讓陳述氣氛更顯悲壯。

接著，檢察官開始朗讀起訴書，請求對毫無悔意的被告從重量刑，付出應有的代價。後來輪到辯護律師，由洪性宇、黃仁喆、趙英來三人分擔的辯護稿，其實是趙英來的傑作。如同他在《全泰壹評傳》中特有的撰寫方式，將受害者悲慘的遭遇，擴大為整體社會的問題，在過程中緊密配合理性的邏輯，兼具感性的呼籲。由洪性宇擔任先發打者，辯護之戰就此展開。

> 身為辯護律師，我們想先從『被告席上的人究竟是誰』開始說起。我們必須謹慎稱呼她的名字，這位權小姐，她是誰？全國人民都不知道她的名字叫什麼，只知道她的姓，她是一位無名的知名人士，是一個沒有臉孔的偶像，這位少女究竟是誰？她又做了什麼？她遭遇了什麼事，為何會持續至今？對此，我想要說，國家、社會還有我們，究竟對她做了什麼？同時，我還想要說，目前為止她依然遭遇著什麼？

以大眾為對象所寫的文章，從第一句就決定了勝負。不必期待所有讀者把正經八百的文章從頭到尾讀完，因為大家都很忙，不可能心無旁騖，為了吸引人們的注意，第一句就得抓住他們的眼神與心靈，如同「好的開始就是成功的一半」，從第一句話就可以預知這篇文章成功與否。

小說的第一個詞彙、第一句話，是作家與讀者第一次相遇的場景。這個開始可以操控整本書，鋪陳出故事的方向，引導出敘述的發展，甚至對全書內容的概略或結局先做暗示。因此，開啟小說之鑰的，是第一個詞彙；踏出小說之門的，是第一句話，是從沈默到發聲、從無到有的第一步。

這樣的文章寫作方式，無論是評論、專欄或社會科學作品，皆可適用。尤其，好的社會科學作品，在第一句就能成功引導讀者，預告文章整體的意義與色彩，猶如信號彈的角色。

第一句話可以是文章所要傳達的案例本身，或強調其社會性的意義，也可以是預告結論的宣言式判斷。可以從第一句正面陳述案例的社會重要性，也可以引用作者或周遭人士的感受乃至體驗，來貼切描寫社會案例對個人的重大影響。無論採取何種方式，作者只要能吸引讀者的注意，就算是成功了。

「權小姐，她是誰？」在《全泰壹評傳》的第一句話就是相同的形式：「全泰壹，他是誰？」不只是第一句，最後一句也很重要。任何事情，開始重要，結尾也同等重要。因此，如同「好的開始就是成功的一半」，韓國人也經常說，要有「有終之美」。

如今，殘酷的夏天與秋天已經過去，權小姐勇敢站在這個法庭上。最後，我們要以眼淚來呼籲，這位擁有燦爛靈魂的純潔少女，是這個時代下所有罪惡、墮落與不義的贖罪祭品，她將自己獻身在歷史的祭壇前。我們不該成為邪惡的共犯，讓這位無辜的少女繼續被關在冰冷牢房裡。

我們的權小姐，她深處每位國民的心房，隱密而高貴，她是希望所繫的權小姐，請立即釋放她吧！

趙英來將開頭與結尾的文句事先寫好，再依邏輯條理仔細鋪陳，架構起中間的起承轉合。一個人的行動，對於該時代具有什麼樣的意義，不單取決於行為的個體，因為賦予其行動意義的，是整個世界。所有運動都是為了改變現實的鬥爭。有人說，歷史是在理想主義者的挫敗中成長，他們因為無法完全實踐理想而感到絕望。然而，理想主義者對於實現的成果向來不懂得滿足，即使夢想藍圖上成真的部分極其有限，它依然會帶動社會的發展。

在辯護文中，趙英來尖銳批判公安當局對學運份子的偏見與誣衊：

不知從何時起，我們的社會開始以「運動圈學生」與「偽裝就業者」如此陌生的詞彙，來稱呼年輕族群。在公安當局眼中，這些年輕人是社會治安的亂源，是破壞秩序的煽動份子，是故意在安穩的太平盛世製造混亂的異鄉人集團，是無血無淚無人性的精神畸形兒，像海星一樣蛀蝕社會的怪物，甚至把他們當惡魔看待。每當檢方對權小姐遭性刑求事件發表調查報告時，所有報紙都根據公安當局的分析，把這個年輕人描寫成慣性說謊、專事捏造的詐欺犯，為達目的不惜幹盡卑劣伎倆的「悖倫兒」，把人倫道德與性當做工具的冷血動物。

但是，公安當局這樣的認知，刻意歪曲了一個事實：這些年輕人出生在我們這個社會，成長在我們這個社會，是我們的子女，是我們的兄弟姊妹，他們並不是生來就屬於「運動圈」，他們會投身「運動圈」、會成為「偽裝就業者」，是因為太多不義與貪腐，他們無法對受害者的傷痛袖手旁觀，是道德決斷讓他們本諸良心不得不吶喊。

市民的民主意識不是與生俱來，需要一段塑造的過程，運動圈的學生何嘗不是如此？他們不是為了滿足個人的曝光慾，才去做這些危險的事，他們為的是心中那份時代使命，走上街頭與催淚彈交鋒，被關在人擠人的囚房。以卵擊石確實很魯莽，偽裝就業的冒險太過純真。然而，我們的世界正在改變。在上一代眼中，這些大學生傻得讓人無法理解，為何到勞動現場偽裝就業、甘願放棄既得利益與人生發展，但上一代的人不該用心中那把尺來衡量新世代的倫理與價值觀。任何社會都存在世代橫溝，特別是老世代與新世代之間的理念隔閡。趙英來確信，一九八六年的運動圈學生是民族的道德元氣，為社會良心發聲。「四一九學生革命」（推翻李承晚政權）之後展開的一九六〇年代，全泰壹以自焚的方式，喚醒社會對勞工尊嚴的關心，走過一九七〇年代，乃至一九八〇年代，在光州抗爭的民族慘劇下跌跌撞撞，趙英來深信，經過這些試煉，韓國的民主正逐漸恢復元氣。

以被告身分站在這裡的權小姐，她就是嶄新世代中的成員。（……）從某種層面來看，權小姐可說是在社會最良善、最受祝福的環境下長大的年輕人。一九七九年十月二十六日傳來朴正熙總統遇刺身亡的消息，當時她還是女校高二的學生，她與同班同學一起放聲大哭。朴正熙總統遇刺的消息，對這位純真少女的衝擊實在太大，因為當時學校與社會都被灌輸「維新才有生路」，只有朴正熙總統才能永遠領導我們的國家，只有「韓國式民主」才符合我國現狀的政治體制，她對此毫不懷疑，對大統領的信賴堅若磐石。然而，真正的衝擊是，從朴正熙總統遇刺的那一刻起，再也沒有人發言捍衛「維新體制」的正當性，越來越多人公開否定維新體制，批判聲浪一波接著一波。曾幾何時，高喊維新是唯一的活路，吹捧朴正熙是偉大的領導人，如今一切瞬變，只留下獨裁者長期執政的謊言，以及屬下貪瀆腐敗的事實。

學生運動對韓國社會發展具有相當重要的意義，它展現了罕見的持續性，在經歷獨裁統治的國家中極為特殊。從日帝強佔時期，光州學生事件所展現的正義感，到解放以來左右意識型態對立的時期，都還鮮明地呈現著。一九六〇年四一九學生革命推翻了腐敗的獨裁政權，韓國的學生運動達到巔峰。也因此，學生運動在韓國現代史中，成為最關鍵的動因。借用朴錫運自負的說法，韓國學生運動是「創造從無到有的奇蹟」的運動。學運的浪潮到了一九九〇年代之後，由活躍的市民運動接棒。一九八七年六月，爭取總統直選加速了民主化的歷程，非政府組織（NGO）如雨後春筍般誕生，主導NGO社運的，都是當年積極參與學生運動的年輕人。韓國社會的學生運動固然有些副作用，但它是建國以來，在這塊土地上留下的唯一「原則論者集團」，是彌足珍貴的存在。鮮活的銳氣與永遠的熱情，讓學生運動本身非常美麗，如果害怕跨越意識的思春期，退居為「年輕的老人」，那樣的社會是沒有未來可以期待的。

現在，以這起事件為契機，我必須對國家與權力的存在依據，提出根本性的疑問。所謂的國家，它存在的正當理由，是為了保障國民的人性尊嚴，落實最基本的價值。如果國家的公權力反其道而行，侵害國民的人性尊嚴、運用破壞性的力量來箝制人性價值的實現，這樣的公權力早已喪失繼續存在的意義。

從這次性刑求事件的過程中，我們可以清楚看到，國家與社會的權力正遭逢嚴重的道德危機。現在，我們想要對警察、檢方、司法部門以及媒體說的是，我們的國家與社會對權小姐施加的迫害何其卑劣，但它只是冰山一角、是一個徵候，預告著我們即將遭逢的道德危機。本辯護律師團堅信，比起任何軍事性、政治性，或是社會經濟的困境，這樣的道德危機更加迫切，是我們國家與社會最根本性的危機，如果無法正當克服，我們與子女的未來將會非常黯淡。

許多人強烈懷疑，法院可以做什麼？既沒槍也沒錢，不過是幾百名白面書生，如何期待他們救國？但是，如果法院能夠遏止不當公權力的橫行，正常化原有的功能，那麼國家的未來還是光明可期的，因為它是人民的希望，猶如最後一盞明燈。因此人們才說，法官可以興國，也可以亡國。趙英來在庭上提出了幾個支持權仁淑的例子，像是公務員的良心宣言等等，他痛批公安當局與媒體，在事件發生後企圖隱匿真相，對事實極盡歪曲之能事，也批判司法部門對真相置之不理，他尤其強調司法權的獨立與尊嚴、司法部門的使命，呼籲司法部擺脫權力的束縛。

今天我們來到這裡，目睹司法權的沒落。各位再怎麼痛心，請聽聽我的話。司法部門拋棄了自己的使命，像是為了得到一碗粥，代價卻是賠掉長子的財產繼承權，司法部門為求區區的安逸，辜負國民所託付的司法權尊嚴。對於這起事件，我們無意批判在司法部門任職的法官與個人。我們認為，這起事件是所有人的責任，但我們要強調，司法部門不應該把這件事的責任轉嫁給其他人。沒有勇氣的司法、自我閹割使命的司法，沒有資格擁有國民的信賴與支持。裁定申請遭到駁回，我們感到相當悲痛，也可以斷言，現在絕對沒有人相信司法的獨立性。這事件的危險性在於，司法權存在的依據已遭受質疑，在司法部門任職的法官應該深切反省，如何維繫司法的尊嚴，挺身為司法尊嚴乾坤一擲，不能再有任何鬆懈。因為我們相信，歷史性的一刻已經來臨。

新聞媒體又做了什麼？面對這樣的質疑，所有媒體人無不慚愧低頭。

我們呼籲，所有媒體應該深切體認這起事件的責任，不要轉嫁給任何人。請不要說：「在力量之前，我們無可奈何。」如果這樣的辯解說得通，那麼希特勒對數百萬名猶太人的迫害，參與大屠殺的共犯豈不是都能被原諒？媒體的自由是靠爭取來的，我們想要強調，在這場戰鬥中，媒體應該第一時間站出來，如果媒體人不願為了本份作出掙扎，還有誰願意給媒體自由？我們呼籲，這份掙扎必須從現在開始。

國家為什麼而存在？不就是為了保障國民的自由與權利嗎？但國家公權力卻毫不留情地踐踏人性尊嚴，為什麼這樣的現象能被容許到現在？趙英來引用了年輕人景仰的「自由詩人」金洙暎的詩句：「如今徹底領悟，為何自由之中總是參雜血的味道。」他作好最後的準備，迎接即將來臨的自由，以及真相的最終勝利。

初次與權小姐面談時，充滿了悲傷與絕望。但是現在，我們內心滿懷喜悅與希望，我們願意對權小姐的勝利作證，即使我們曾經說過，權小姐已經獲得了道德的勝利，但我們更加堅信，不久的將來，會嚐到勝利果實的甜美。我們會昭告天下，這起重大事件的真相，所有歪曲事實、隱匿真相的卑劣的策動，將全數被打破。為了真相的最終勝利，今天站在這裡的我們承諾，對於權小姐的犧牲，我們會盡全力報答她。（……）我們的權小姐，她深處每位國民的心房，隱密而高貴，她是希望所繫的權小姐，請立即釋放她吧！

趙英來以淚水結束了法庭上的辯護。經過晝夜不眠的煎熬，一字一句都像是用心臟的血描繪出來的。趙英來留給世人的文章之中，這份辯護書被認為是最壯麗的一篇。許多人的文章空有華麗，一旦抹掉唇間的香氣之後就蕩然無存。趙英來以嚴密的邏輯與扣人心弦的感性，絕妙地編綴出這篇文章，讓人刻骨銘心不由得再三拜讀，它不僅是辯護書，更是珍貴的歷史文獻，在大韓民國的辯護史上永遠留名，透過法律人的口傳一脈相承。與學長洪性宇、黃仁喆一起分擔辯護的趙英來，在辯護時頻頻拭淚，呼吸顯得急促，以顫抖但不激昂的語調，有條不紊地將自己的主張陳述出來。一片肅然的法庭裡，無比靜謐。

聽了辯護律師的慷慨陳詞，被告權仁淑也哭了。不僅如此，連旁聽席上的聽眾也垂肩低泣；公安機關派來的暗樁、有利害關係的旁聽人，則把視線投向虛空，努力避開尷尬的氣氛。不輕易落淚的趙英來，總是客觀看待受害者的傷痛與人世間的漩渦，但是，當一位身經百戰的律師，在法庭上掉下眼淚，珍珠與庭上的氣氛化合，就成了威力強大的氫彈，當這枚氫彈投向世間，展現了驚人的爆發力，法官們各個難掩吃力的表情，想必見識到趙英來的辯護威力。

趙英來沒有將聽取辯護的對象侷限於被告或旁聽人，那些木頭法官更完全沾不上邊。站在辯護人席上，他想到無法進場旁聽的民眾，想到他們怒不可抑的眼神，他下定決心，不會讓公憤淪為絕望。他的辯論不僅是給在場一百多名旁聽人，還有法庭外關注事件發展的數百萬人民。嘔心瀝血的辯護就是要撼動人民的認知與良心，將利刃揮向不道德政權。一聲「我控訴！」道盡了一起轟動刑案，十九世紀末葉，德雷福斯事件成為著名的世紀審判之一，向來標榜法國大革命精神的法國軍方，為了掩飾的軍方恥辱，將無辜的德雷福斯當成代罪羔羊，這名猶太軍人被套以間諜罪，為的只是維繫「拿破崙英雄傳統的」法國陸軍榮譽。勇於面對真相才是真正的榮譽、歷史的真相，但濫用權力的人向來恐懼真相。作家多爾夫曼（Ariel Dorfman）曾經說過：「如果一個社會無法轉型到與過去截然不同的型態；換句話說，一個社會的動力轉換方向之際，社會基盤如果與其相悖，終究無法直搗問題的核心。」他也是改編電影「死亡與少女」的原著，在韓國也曾經放映過，他將軍事獨裁恣行的性刑求配上修柏特的音樂，來比喻少女的死亡。

即使將權仁淑遭受性刑求的傷痛，轉換為時代性的事件，趙英來仍不禁對這位年輕的受害者產生憐憫之情。妻子李玉卿也瞭解先生如此專注的理由，除了對不義政權的憤怒之外，還出自一種痛心，一位少女遭受性暴力的對待，代替世人受辱受苦，趙英來無法忍住嗚咽，心疼眼前這位勇敢的女孩，在巨大的歷史漩渦中成為代罪羔羊。「世上最美麗的東西，是為弱者流下悲憫的眼淚」出自史學家金成植教授之筆，他被譽為朴正熙時代的「最後書生」，在一九八六年二月四日寫下了此生的告別作《東亞時論》，他也是主導四一九教授示威的人之一，在隊伍中高喊：「報答學生的血！」即使到了八十高齡，他仍不改書生本色，挺身痛批不道德政權。一般人對趙英來的印象總是，佛般的表情、厚重的身軀與不拘小節的個性，但實際上，趙英來是眼淚頗多的男人。平常談心時，英來的眼角總會泛著淚光；滴酒不沾的他，看到同席的朋友真情落淚，他也會跟著哭起來，但更多的時候，他的眼淚是流在心底。

最後的勝利

十一月三日，法院對性刑求受害者權仁淑以變造公文書等罪嫌，判處一年六個月有期徒刑，要求對性刑求加害人文貴童重新調查的裁定申請卻遭到駁回。後來的消息指出，當時負責審理的仁川地方法院合議庭，原本對權仁淑作了緩刑的處分，並且立即開釋的合議，但宣判之前突然變更為一年六個月的刑期，審判長與主審推事未與其他推事討論，就決定如此量刑。後來一位審判相關人員私底下透露，公開宣判之前遭到政府當局施壓，不得不改變原先的判決。

這是出乎預料的重刑，判決結果讓眾人的期盼化為泡影。辯護律師、被告乃至國民都難掩失望，伴隨著一股強大的憤怒。其實，以當時的情勢而言，繼續把權仁淑關在監牢裡，反而對軍事政權更加不利，最終使其走向崩潰之路。

一九八七年七月八日，權仁淑終於被釋放了，但事件仍未終結。對性刑求加害者文貴童的裁定申請被駁回之後，律師團在一九八六年十一月向最高法院提出了特別抗告，但最高法院過了一年仍未作出任何決定。一九八七年初，爆發大學生朴鍾哲遭刑求致死事件，點燃全國的民主化烈火，對抗全斗煥政權「護憲」的企圖，兩造呈現極端對峙的狀態。當時，有人一度憂心會發生第二次的五一八光州大屠殺。司法部門也猶豫不決，遲遲不下最後判決。此時，因為六月全民抗爭勝利後，政治情勢相當浮動，助長了本案的氣勢。一九八八年一月十八日，趙英來發表聲明，強調權仁淑事件的意義，最高法院作為法律秩序最後堡壘，以及不可逆的時代精神，敦促最高法院撤銷原判。

一九八八年三月，最高法院撤銷初審對文貴童的不起訴處分，接受了裁定申請，並把案件發回仁川地方法院重審。仁川地院向仁川地方律師公會請求推薦律師，以擔任特別檢察官的角色。然而，仁川律師公會以會員中沒有適當人選為由，轉請全國律師公會（大韓辯協）推薦。辯協會長文仁龜、辯協人權委員長柳賢錫、辯協公報理事安東壹等執行團隊，經過腦力激盪的討論之後，決定推薦趙永晃律師出任特別檢察官。趙永晃後來回想當時的狀況，直言：「確實猶如飛來橫禍，他們說因為找不到人，要我看在辯協的面子上接下案子吧，況且已經把我的名字報給法院了。」大韓辯協高層也理解，大部分的「人權律師」在原審時都已經參與過辯護，如今要一位完全不同走向的律師來處理這起充滿「政治性」的案件，簡直是「泥菩薩過江」。仁川地方法院為趙永晃準備了臨時辦公室，在法院書記官的協助下，趙永晃開始執行特別檢察官的任務。一九八八年四月九日，文貴童終於被收押，也因此產生新的法律焦點，能否變更當初的公訴書內容，追加一條「強姦罪」？法院裁定准許公訴書的變更，隨後七月二十三日文貴童被判處五年有期徒刑。趙永晃的辦公室燈火通明的同時，隔壁棟的檢查廳辦公室也一樣明亮。他表示，當時全國的「涉案機關」心情應該是一樣的。

世界不斷改變。一九九一年一月，以權仁淑之名向國家提出的慰撫金訴訟，法院最後判決：「針對性刑求事件，國家必須支付權仁淑四千萬元的慰撫金。」雖然金額比起權仁淑所受到的傷害，實在少得太不合理，但這份遲來的判決終究達成「事必歸正」的勝利。

權仁淑的新出發

一九八六年仍身陷囹圄的權仁淑，被女性團體評選為「年度女性獎」的得獎人。一九九〇年一月，權仁淑將國家給她的四千萬元賠償金，全部投入勞工運動，她與朴錫運一起設立了「勞動人權會館」，從事勞工人權運動，當然這也是在趙英來的力挺與周邊人士的幫助下促成。出獄後幾年間，她依然無法擺脫「富川署事件」的陰影。一九八九年，她出版了手記《越過高牆》當作終結，文中詳細描述了富川署事件的全貌，同時結束命運般的歷史任務，回歸自然人身分，開始嶄新的人生。

權仁淑的人生，還有許多高牆再等待著她，但她不曾因此喪志，堅強地跨越每一道障礙。二〇〇三年，權仁淑接受明知大學的聘任，成為基礎教育院「女性研究」課程的教授，這是她留美歸國後的成果。從「無名的權小姐」到權仁淑教授，經過了整整十七年漫長的歲月。權仁淑以極端痛苦的經歷，成為「女性學」這門新學問的傳教士，也更加鞏固了她的地位。然而，權仁淑要在大學體制中得到包容，確實不是一件容易的事。聘用權仁淑的明知大學董事長俞榮九告訴筆者，勇於對抗時代問題的人，很少得到應有的回報，甚至遭遇更多不幸，實在很令人扼腕，他們無意成為「公眾人物」，卻被迫在世人的耳目下活動。被時代烙印的人何其艱苦，尤其身為女性，負擔更加沉重。

許多幫助過趙英來的人當中，明知大學董事長俞榮九是最具代表性的人物。當趙英來從司法研修院結業、開業當律師的時候，他把「大得不像話」的董事長辦公室挪出部分的空間，供趙英來當事務所。對於這位「沒有臉孔的少女」能夠擺脫束縛，成為堂堂學者的權仁淑，俞榮九不諱言，自己之所以錄用權仁淑擔任女性研究課程的教授，是為了對趙英來表達感激，雖然這位老朋友已經先行離去，但他永遠是自己的心靈導師，點醒從小在優渥環境長大、不懂事的自己。

權仁淑說，世界上她最懷念的人，就是趙英來。越是年長越是懷念，尤其是他深不可測的實力與判斷力。

「年輕，就要玩」是趙英來常說的話。對權仁淑而言，趙英來是替她開拓新路的恩人，任何領域的困難或溝通問題，經過縝密思考的趙英來，總是提供她多元的建議，擺脫個人思維的侷限。趙英來在自己的日記中，形容自己的人生猶如跑馬燈，其中最無法忘懷的人就是「仁淑」。權仁淑與趙英來，歷史讓這兩人在重大事件中成為時代的主角，他們也欣然接受了這項任務。這是一個受害者與辯護人攜手改變世界的最佳實例。

公權力性刑求的羞恥蠻行，真相最後水落石出，全民的鬱憤也得到抒解。反觀警察、檢方與法院始終沆瀣一氣，直到最後一刻仍隱匿事實，企圖息事寧人，對政權的道德性造成致命打擊。富川警察署事件與一九八七年一月爆發的朴鍾哲遭刑求致死事件，成為壓垮全斗煥政權的最後一根稻草。藉由這些事件，政權的不道德性與結構暴力被赤裸裸地揭露出來，點燃一九八七年六月的全民抗爭。重大事件總是引領著歷史的橫流，勇者的鬥爭與卑怯者的虛假總是彼此糾纏，令人覺得格外諷刺。

（安京煥作，朱立熙譯）

譯者後記：

「富川警察署性刑求事件」成為非常重要的民主化抗爭的事件。南韓社會不僅因此一事件得到了保障人權與女性的機會教育，有關人權法律的制訂與修改，也因為這個變態事件而讓人權法學思想有了新的思考與詮釋角度。權仁淑以自己一生的名節教化了全韓國，可說功不可沒。

刑求這個發源自中國的古老技術，卻在朝鮮半島被發揚光大，實在很諷刺。到二十世紀韓國人更發明了「性刑求」這種手段，真的是「青出於藍，更勝於藍」。這種可以列入金氏記錄的世界第一，實在不是什麼光彩的事情。不過，可貴之處在於，韓國人這個自我反省能力極強的民族，能夠從這種「創新的恥辱」當中學到教訓，在民主化過程中修正過去的錯誤經驗，進而以錯誤經驗做為立法保障的根據。今天這些創新發明或第一，都已經成為歷史，絕不可能在民主時代重演。這也就是清算過去、尋求轉型正義的真諦與價值所在。

從台灣人的觀點看日韓慰安婦的爭議
——朴裕河著《帝國慰安婦》讀後

幾年前，一位駐台的韓國外交官跟我聯絡，希望能幫他安排拜訪台灣的慰安婦，讓我很感詫異。但我還是聯絡了相關團體，了解台籍慰安婦的實際狀況之後，我回覆他說，台灣與南韓慰安婦的情況不同，為了不對台籍慰安婦造成二度傷害，以及引發不必要的「反韓」、「反日」風潮，最好不要去碰觸這個敏感的議題。他後來接受我的建言，放棄了這個念頭。

我大約可以猜出他想探訪慰安婦的用意，很明顯是想要配合韓國政府的政策「做業績」邀功。台灣的慰安婦問題，與南韓截然不同；南韓很明顯是拿來當做「政治炒作」，把「反日」的民意炒作到成為國家政策的後盾；但是在台灣，不要說慰安婦的議題，連反日的操弄根本毫無市場。

我本人對南韓慰安婦議題向來保持距離，因為這是一個很複雜而且無法跟韓國友人「理性論辯」的問題，更別說台灣站在日韓之間的第三者地位，根本沒有任何立場可以加以論述。

坦白說，我本人就是「日韓世仇」的直接受害者。一九八二年我在延世大學史學科大學院主修韓國近代史，原本是希望以第三者又同為殖民地人民的立場與同理心來解析日韓的世仇。但是很不幸地，當年爆發了日本「歷史教科書歪曲事件」（延燒了十五年之久），南韓媒體每天鋪天蓋地的批判日本，各報每天都以五、六個全版的版面，就不同的主題鉅細靡遺地深入報導，我的碩士論文幾乎俯拾即是。

在強烈的反日民族主義社會氛圍之下，我自認無法做到「公正客觀的第三者」來剖析韓日的世仇，於是，決定放棄繼續深造的念頭，選擇「中退」而束裝返台。直到二〇〇三年我應三民書局邀請執筆撰寫《韓國史》，才補償了我做為「歷史逃兵」的遺憾。

我的《韓國史》也因為韓流的風行而暢銷至今修訂七版。在第二版時，被一位日籍客座教授濱島敦俊發現，書中對日本在朝鮮的「土地調查事業」，是以南韓的觀點做了錯誤的論述。於是，我找來首爾大學經濟史教授李榮薰寫的《大韓民國故事》，才知道那是一九五五年韓國學者李在茂在論文中，杜撰日本在朝鮮的總督府利用調查事業，把全國農地的百分之四十強行佔領。李榮薰教授指責，這是歷史學者編造出來的故事，但是卻被後人一再引用而成為定論。

讀朴裕河的《帝國慰安婦》也可以發現同樣的脈絡：「挺身隊＝慰安婦＝少女」，錯誤的論述一再被引用而成為定論。韓國人在戰後為了修復民族自尊而篡改歷史，卻指責日本竄改歷史，只能用一句台灣俗語「龜笑鱉無尾」來形容。

慰安婦的議題，在終戰五十年後的一九九〇年代中期，才被韓國社會大肆炒作，而成為日韓外交關係的絆腳石，一個關鍵因素，就是韓方無視一九六五年朴正熙政府與日本簽訂「日韓協定」時，已經「包裹代收」了民間個人「請求權」。

韓國人這種無理要求，甚至不承認外交協定的法律效力的做法，台灣人站在第三者的立場看，就是韓國人的「善變性格」，在國際間普遍被認為「韓國人不講信用」的原因。對於慰安婦的賠償請求，韓國人顯然找錯了對象，他們應該尋求朴槿惠政府清算他父親所犯的錯誤，由韓國政府自己給予受害的慰安婦「國家賠償」才對，韓國的「挺對協」不做此圖，卻在國內外大肆張揚讓日本出醜，坦白說，確實是做過頭了。

說到韓國人「不講信用」，在亞洲的華人圈與日本，相信已經是大家的「共識」了。這幾年我在台灣巡迴演講「認識新韓國」時，常會被聽眾質問韓國人沒信用的問題，我都會舉一個例子來說明。全世界各國的銀行都在台灣開設分行，唯獨沒有一家韓國銀行，為什麼？因為「信用」是銀行的第一生命，沒有任何人會把錢存放在沒有信用的銀行。台灣的三家商業銀行：彰化、華南、第一等，都是「百年老店」，老店的品牌就是信用的保證，相信日本也一樣。

但是韓國的銀行卻一再地合併、改名，我在韓國留學的一九八〇年代的許多銀行，現在都已經不見了，換成我聽都沒聽過的「國民」、「Woori」、「Hana」等銀行。「善變」又變化太快，是讓外國人不敢相信韓國人的主因。二〇〇九年我曾經替兩名某家韓國銀行的駐台先遣人員上課，分析「台灣人的韓國觀」，他們希望在台灣先有分行的據點之後，就能開拓中國大陸的龐大市場。但是，聽完我的分析之後，不久他們就從台灣撤退了。

跟延世大學中退一樣，這是我親身體驗的事例。再回到韓日世仇的問題，慰安婦問題真正的根源是日本帝國主義在朝鮮的殖民。如果要追溯歷史的話，當年的「日韓合併」是經過兩國正式簽署的條約，那是合法的行為。韓國人可以說當年法律知識不足而被迫簽署了不平等條約；但是到了半世紀以後的日韓協定，不能再用法律知識不足，來否定自己放棄的請求權吧？

這整個問題的關鍵在於朴正熙政權，他以一介少將軍人政變掌權後，沒有錢根本不可能搞政治，在需錢孔急的情況下，於是希望盡快促成日韓建交而得到日方的戰爭賠償，再加上顧慮北韓等因素，而放棄個人請求權（詳見朴裕河書中），這是可以理解的，而且是韓國人自己的問題，沒有理由在五十年之後為了「重塑敵國」，並激昂人民的愛國主義而一再升高慰安婦的抗爭。

我在一九八〇年代初到韓國留學，當時是全斗煥政變掌權不久，同樣也是需錢孔急，日本於是再次成為南韓軍人獨裁政權的「提款機」，全斗煥派他的國務總理盧信永到日本談判借款，開口要一百億美元，把日本嚇壞了。當時借款的理由是「韓國在第一線防衛共產勢力對日本的威脅」，所以日本理所當然要分攤防禦費。後來以四十億美元成交的這筆借款，有多少流入了貪婪的全斗煥私人口袋，是我一直很好奇的懸案。

所以建交時自己的政府放棄請求權，事隔五十年之後再來窮追猛打，這不就是韓國人「不講信用」的證明嗎？

除了信用的問題，我想到四十五年來研究韓國問題與民族性的結論：韓國是一個「恨的民族」，而且是「沒有敵人就活不下去的民族」。前者是因為「錯誤的地理」（老天把它生在錯誤的地方），造成「悲劇的歷史」（被周邊列強欺凌）不斷循環，而形成「恨的民族性」；後者則是因為「恨」已深植人心，他們需要塑造一個「敵人」來解恨，並讓恨不斷升高，而成為國家與人民「上進的動力」。所以，由恨所激昂起來的民族主義，大多是非理性的，甚至是「盲信」與「盲從」所致。

對慰安婦的議題，我可以相信百分之九十以上的韓國人並不深入了解事實真相，就盲信「挺身隊＝慰安婦＝少女」，接著，在媒體與社運團體的鼓動下，開始「盲從」地反日。看到韓國人如此激烈的「愛國主義」，我個人覺得非常幼稚。

後來，大約在十多年前，「日韓中歷史共同研究委員會」的日本學者團（包括東京大的田中明彥教授、媒體人出身的早稲田大的重村智計教授等）來台北，與台灣的歷史學者座談，我以第三者立場說，南韓由政府與民間團體帶動的「反日」風潮，根本就是「國內用」的政治意圖，藉由反日來鼓吹民族主義團結民心。只見日本學者都瞪大了眼睛，對我的觀點感到意外與驚喜。

我從同為殖民地人民的立場看，戰後都已經過了五十年、六十年、七十年，韓國人怎麼還繼續在反日，還在抗爭慰安婦問題呢？尤其在二〇一五年，既是終戰七十年也是日韓恢復邦交五十年，卻是兩國關係因慰安婦問題陷入最低潮的時候。當我看到朴槿惠站在天安門跟習近平一起閱兵，我終於恍然大悟，原來慰安婦議題是可以跟中國找到交集，進一步「聯中反日」的絕佳好材。

很顯然，韓國政府的「事大主義」，讓它忘記了它是應該站在以美日安保為主軸的自由民主陣營才對，而不是為了市場而無條件地擁抱共產中國。所以後來當韓國政府接受了十億日圓的基金解決慰安婦問題，繼而同意美國部署薩德防禦系統，而讓中國暴跳如雷，等於讓原本「事大」而換來的情誼完全化為烏有。同時，韓國國內被慰安婦議題激化的盲目愛國主義，也無法接受這樣「虎頭蛇尾」的草草收場。

慰安婦議題會讓韓國人越炒越熱，跟首爾日本大使館前在二〇一一年十二月被設置「和平少女像」有絕對的關係（後來連釜山日本領事館前也被設置，而迫使日本召回大使與總領事表示抗議）。這個做法就像台灣人的「抬棺抗議」一樣，但台灣人抬棺通常只做一次。如果長期把棺木放在別人家的門口，這種激進的抗議方式，鄰居都會表示不滿。和平少女像掀起全南韓的高漲民族主義，任何外國人站在第三者的立場看，相信都會覺得實在「太過分」了。

從二〇一六年十月爆發「燭光示威」反朴槿惠政權以來，韓國年輕世代站出來了，跟一九八七年六月抗爭的情況很像。不同的是，民主化時代的抗爭方式也變得更文明與和平了。跟一九九〇年代末期開始的「前民主化時代」不同，在二十一世紀的民主化網路時代，情報的大量與快速傳播，任何謊言都無所遁形。由國家形塑的謊言也遲早會被拆穿。讀過朴裕河《帝國慰安婦》的新世代韓國人，即使再強大的社會壓力，也會讓他們覺醒。

民主化網路時代的新韓國人，更需要的是，透過追究真相、明察事理，重塑和平理性的「民族主義」，否則，跟周邊國家的衝突與對立，將會沒完沒了。

日文版：東洋經濟網路報：http://toyokeizai.net/articles/-/157274/b>

韓文版：中央日報網路版：http://news.naver.com/main/read.nhn?mode=LSD&mid=sec&sid1=104&oid=025&aid=0002684330&viewType=pc/b>

沙豬王國的「性醜行」文化

美國影劇界去年底發起的「Me Too（我也是）反性騷擾／反性侵運動」，從今年一月起在韓國燒起了燎原大火，延燒到三月上旬，幾位涉案的名人與政要相繼中箭落馬或畏罪自殺，看得韓國人無不目瞪口呆，這把火相信還會繼續延燒，預期還會好戲連連。

其實，韓國社會普遍對性騷擾（Sexual Harassment）的長年盛行並不意外。Sexual Harassment 在韓文可以翻譯成兩個詞彙，情節輕微的叫「性戲弄」（言詞或輕微的肢體碰觸），嚴重的則稱為「性醜行」（觸碰胸部、臀部，甚至鹹豬手伸入裙內撫摸大腿等）。因為「男尊女卑」的社會文化，在男性父權優勢的操弄下，韓國可以稱為亞洲「性騷擾／性醜行」的最先進國，甚至可以稱為「沙豬王國」，或「男性沙文主義」的天下。

一九八〇年代筆者駐韓擔任媒體特派員時，曾經聽到一位華僑分析，為什麼韓國的「職業婦女」那麼少，女人結婚後就離開職場走進廚房，專心在家相夫教子，幾乎很少在社會上拋頭露面。他解釋說，因為韓國職場的性騷擾非常嚴重，一個會對年輕屬下女職員性騷擾的男人，決不會讓自己的妻子也被別人性騷擾，「將心比心」似乎言之成理。這是我聽到最深入精闢的說法。

由於女性地位低，長期形成了「男主外，女主內」的社會文化。直到一九八〇年代中期，韓國的家庭主婦如果有抽菸習慣，先生可以訴請離婚。因為先生在外工作賺錢，妻子卻不安於室，到外面鬼混，結交了壞朋友而染上菸癮，抽菸就證明了她不是「良家婦女」。主婦抽菸可以被先生休掉，聽得我嘖嘖稱奇。當然，隨著民主化的開放風氣，現在韓國抽菸的女性隨處可見，這種休妻之訴應該不復存在了。重男輕女的韓國社會，造成女性地位低落，還可以從另外一個事例看出來。南韓的男孩，從小就被灌輸「不能進廚房」的觀念，所以有一句韓國俗語：「男人進廚房的話，辣椒會掉下來」，辣椒指的就是男生的「小雞雞」。從小男孩被父母親或祖父母灌輸這樣的觀念，究竟由來多久，已經無可考，但是它影響韓國男人「自我尊大」的習性則不可否認。進廚房幫忙妻子做家事的男人，在職場會被同僚看不起，會被認為「太娘」。

儘管這樣的觀念已隨著民主化以後自由開放的風氣而有所改變，現在的年輕世代因為已婚女性的就業率提高了，夫妻同時在職場就業的狀況開始增加，下班回家後，夫妻共同在廚房做飯或做其他家事，已經很平常，男人不會再被嘲笑，但是畢竟還不到全面化的地步。大約年齡在 35 歲以上的男性不做家事的，還是佔絕大多數。所以韓國至少還需要再等一兩個世代，才有可能完全破除舊世代陳腐的重男輕女的觀念。

了解了韓國這樣的男尊女卑社會文化，再來看連月來 Me Too 活動掀起的風暴，也就不難理解了。由於長期以來，女性只能當男人的「玩物」，所以今年一月底一位女檢察官在電視上揭發八年前被前輩男檢察官摟腰摸屁股的「性醜行」之後，引起全韓國譁然。

大家無法理解的是，司法被認為是落實社會正義的最後防線，如果連司法人都如此無視人性尊嚴與性別平權，而依循社會陋習對女性同僚濫肆凌虐的話，如此的司法人實在難以期待會有公正的執法。

女檢察官被性醜行事件引發了社會物議，韓國法務部在輿論壓力下成立了「性戲弄／性犯罪對策委員會」，並請不久前才被文在寅總統任命為「女性政策研究院」院長的權仁淑出任委員長。權仁淑就是一九八六年發生的「性刑求事件」的被害人，當年這事件爆發之後，引起了全體韓國人的憤怒，對全斗煥獨裁政權下的警察鷹犬濫用公權暴力，做出此惡性的蹂躪人權的勾當，成為壓垮暴政的最後幾根稻草之一。權仁淑犧牲了一生的名節以及不幸福的婚姻，卻因性刑求事件啟發了女性意識的覺醒。

因此，以權仁淑來領導女性政策與對策委員會，除了象徵性意義之外，也因為她一生從事「女性學」教育的實務經驗，更加強化了韓國女性自主意識的提升。於是，繼先前爆發的知名詩人、多次被提名諾貝爾文學獎的高銀，被連續揭發性醜行事件而迫使他公開道歉之後，三月五日，忠清南道知事安熙正也被女秘書上電視告白，在八個月之內被他強暴了四次，最後一次甚至是在 Me Too 運動在韓國開始延燒，女檢察官出面舉發遭性騷擾之際。安熙正被認為是政壇的明日之星，並且是文在寅總統的唯一接班人。女秘書揭發安熙正的暴行之後，當晚他立即發表聲明道歉並宣布辭職。這次事件等於為韓國的 Me Too 運動火上加油，而使火勢越燒越烈。

安熙正後來又被揭發還有其他女性受害。一顆政壇的明日之星，卻像隕石一樣，瞬間墜落而消失於無形。事件不過三天，又傳出一名知名演員趙敏基因為性侵多名女學生，被清州大學解聘後，在三月九日自殺身亡。這次事件再度震撼了全韓，知名人物因盛名而放浪形骸，不知自我節制，在保守的社會風氣下，讓他們自認不會被告發而越形得寸進尺。

事實上，「性騷擾／性侵犯」等事件，不論加害者知名與否，在世界各國都會發生，只不過知名人士以自己的知名度或掌握的權勢，更敢於恣意妄為。看著韓國的 Me Too 運動讓知名人士一夕之間跌落谷底，其實台灣應該也會讓不少沙豬心驚膽戰，只能說他們比較僥倖，不像電影導演張作驥、政客馮滬祥、文化人許博允等人被揭發後，遭到司法起訴，但刑量都不重，甚至易科輕微罰金就沒事了。

台灣女性相對於其他國家，對自己受性侵害，通常都以保護自己的名節，或其他個人因素不敢聲張，或採息事寧人的態度，而不為社會所知曉，加上台灣媒體的惡質生態，事件公開後，反而遭致二度傷害或使焦點被模糊扭曲，以至於加害者不是逍遙法外，要不就是繼續加害更多人。

二〇一六年六月初，政大韓文系爆發一個約聘的韓籍助理教授朴在慶，在三個月內對多名女學生「性醜行」，經立委陳亭妃開記者會揭發，才迫使原本態度消極的系方不得不面對，而帶九名女生到校方的性平會去陳述受害狀況。其實，在事件爆發之前，已有二百零二名學生連署指控朴在慶為不適任教師，包括韓文系本系生與外系生，幾乎所有上過他的課的學生都指他不適任。

在連署書之下，還有學生寫下他不適任的理由，其中就有學生指責他在上課時公然撫摸學生肢體與臀部，這在韓國就是比「性戲弄」情節更嚴重的「性醜行」。九名女生中，後來只有兩名受害情節最重的學生，對這名狼師提出告訴。而在學生提告之前，狼師竟然惡人先告狀，對筆者提出「妨害名譽」的告訴，我則因掌握了學生受害的證據，而對他提出「誣告罪」的控訴。

遺憾的是，我們之間的互告，都被檢察官認定罪證不足，而以「不起訴處分」結案。不過，女生對他提起的違反「性騷擾防治法」的告訴，則經檢察官偵查後，正式對朴在慶提起公訴。三月六日，台北地方法院已經由法官開庭審理，下個月中旬將第二次開庭。

而荒謬的是，去年八月初狼師到駐台北韓國代表部申訴，指他遭到政大與台灣司法不公的迫害，請求代表部聲援。不料，代表部竟由楊昌洙代表具名，發送公文給台北地檢署與台北市警局，要求司法當局「最速及公正之處理」，以免對朴在慶下學期的開課造成困擾。

代表部發出這個公文，事實上已經干預我國內政與司法，只會遭致司法當局的反感。更荒謬的是，朴在慶性醜行事件爆發，政大韓文系已經將他所有的課停開，在事件沒有釐清之前，不會讓他開課。韓國代表部只聽他的片面謊言，就發文給地檢署與警局實屬不察。韓國代表部的領務人員甚至代表，跟朴在慶同樣不適任。在代表部發文之後，狼師在九月初已經被檢方認定罪嫌情節重大而限制出境了。

其實，在 Me Too 運動掀起燎原大火之前，二〇一四年七月韓國爆發了一件重大的性醜行事件，震驚了全國。首爾大學數學系的名師姜錫真被研究助理兼碩士生告發對她多次性醜行，這個女生鼓起極大勇氣，並且準備放棄一切的心態，挺身而出。

首爾大學校方原本態度消極，並且想將大事化無。不料性醜行被媒體報導之後，已經是紙包不住火了。有趣的是，在這個女生之前，六年間被姜錫真性醜行的女生多達九人，都先後挺身指控。首爾大學於是將他解聘。二〇一六年一月底，狼師被判刑兩年半定讞而入獄服刑。但是因為是單一事件，而未能像 Me Too 運動一樣，掀起後續的效應。

這個性醜行事件，韓國人幾乎舉國皆知。政大狼師朴在慶應聘到政大之前，一定也知道這個事件，但是他卻在政大不斷對學生伸出鹹豬手。他不只不懂台灣的多元社會文化，對台灣女性意識高漲、女性地位在亞洲堪稱最高也毫無所知；而南韓卻是亞洲女性地位最低的國家，在韓國被認為習以為常的性騷擾，在台灣卻絕對不被容許。

只不過，男性以自身的父權優越性，對女性的性騷擾在台灣大多數被掩飾了，但並不表示台灣很少發生。政大九名去性平會申告的女生，最後只有兩名女生願意挺身提告，這也可看出台灣女性不願惹事上身的態度。事實上，這種鴕鳥心態正就是助長沙豬文化的溫床。

期待不久之後，Me Too 運動也能燒到台灣，特別是在影劇圈，有許多沙豬而且是常態的慣犯。這種變態的人格，只有透過社會正義力量的制裁，才能夠全面遏止。普遍欠缺正義感的台灣人，需要有更多勇敢的女性挺身而出，可能造成的紛擾只是一時的，但是拯救與矯正社會文化卻是永遠的。

（本文原載 2018.3.11. 民報網路版）

輯三：韓國人自己的韓國

韓國人的反美情結

獨派大老辜寬敏先生九月十七日刊登在華盛頓郵報與紐約時報的廣告文章中提到，「不希望『南韓反美』的戲碼在台灣重演」。讓我覺得有必要讓台灣人認識韓國人「舉國反美」的來龍去脈，給大家參考。

對於野心政治軍人高壓極權統治時代，國家暴力造成人民生命受害、人權遭到蹂躪的悲劇性過去的清算，南韓經過了三任總統、共十五年的時間才告一段落。儘管調查起訴了、事件平反了、名譽也恢復了，並且使受難者得到了補償，但是還留有一項缺憾，那就是「究竟誰是真正下命令對無辜的光州市民開火的最高決策者」，迄今仍未能公布確切的答案。

歷次的司法判決中，對此也多有所保留或語焉不詳。法院雖然界定為「內亂目的殺人」，但是對於「發動指揮權」只以模糊不清的描述帶過，並沒有把是誰、為何下達開槍命令等部份做明確的斷定。對於「是誰計畫、下令」，也只留在揣測的範圍徘徊，完全沒有被揭露。

開火的部分，被界定為「內亂目的殺人」；血腥殺戮鎮壓，則被界定為「國憲紊亂暴動」。但是有六十九・三%的光州市民認為，五一八的根本原因，是按照新軍部的掌權計畫與意圖而來的高度謀略。對於強硬鎮壓的原因，則有八十八・六%的人認為，是根據高層的指示而做的。

如同刺殺朴正熙的金載圭在絞死前的遺言：「我的背後是美國。」留給世人撲朔迷離又無限想像空間的謎題一樣，美軍在光州大屠殺的角色，究竟是「默認」、「旁助」還是「背後主導」？都攸關全斗煥一幫新軍部勢力的內亂責任歸屬與定罪的輕重。

如果當年全斗煥被判處死刑，他若也像金載圭一樣丟下這句話，那麼美國恐怕就要永遠背負屠殺光州的責任了。美國在光州事件的角色，在檔案還沒有完全解密的有限資訊下，「默認」與「旁助」成為僅有的答案。因此，誰是對光州下令開火的人，暫時也就無解了。

儘管如此，光州大屠殺的悲劇，導致南韓人民的「反美情結」（或稱「反美主義」Anti-Americanism），從此開始滋生、發酵、擴散，乃至全面化與大眾化到全民、全國的層次，則是不爭的事實。

光州抗爭期間，民眾堅信，同樣是民主體制、並一貫信賴的盟邦美國，特別是強調人權與道德的卡特政府，將會牽制反民主的新軍部，並且支援他們的抗爭。當時他們看到美國航空母艦「珊瑚海號」從東海北上的新聞，全然不知道「對全斗煥新軍部的支援，是為了防範北韓的挑釁」，而天真地以為美國是為了介入光州事態所採取的行動。

「市民軍」指揮部並透過廣播來昭告市民：「美國終於來支援我們了。第七艦隊所屬的兩艘航空母艦已經停泊在釜山港，要制止全斗煥一黨魯莽的蠻行。市民們加油啊！」不過美國的介入只是市民們一廂情願的幻想罷了。後來知道自己遭受的野蠻對待，是美國藉著反民主的政治軍人之手來執行的事實之後，無不感到憤怒。特別是美國聲稱給予新軍部的支援，是為了防禦上的理由與自己的經濟市場的安定，這種帝國主義式的作為也引起所有市民的極端反感。

研究光州事件二十五年的南韓學者金泳燁，在他的論文中指出，光州民眾對美國的信賴與好感有多深，感受到的背叛程度就會呈正比的加大。這個背叛感也成了日後激烈展開的反美運動的地雷。光州大屠殺讓包括過去是親美溫床的全羅道民眾以及大韓民國人民終於領悟到歷史的冷酷：「盟邦是不存在的。守護與發展我們的國家，除了自己的力量之外，是別無依靠的。」對美國的認知轉變為反美主義的決定性契機，也是光州抗爭的另一個意義所在。

一、美國在光州事件的角色爭議

一九八〇年五月十六日，南韓陸軍參謀總長（總司令）李　性致電美韓聯軍司令韋克漢，「由於騷擾事態惡化，為了維護首都一帶的秩序，請求轉移第二十師的作戰統制權」，接到電文後，韋克漢回覆說，「你的請求已經批准。」（Your request is approved.）接著，新軍部勢力在五月二十日要將第二十師調到不是原來的目的地而向聯軍司令部詢問，「為了鎮壓光州暴動，能否派去光州？」韋克漢與美國政府協議後，回覆「同意」（Agreed）而轉移了作戰統制權給韓方的新軍部。

另一方面，五月二十二日下午，美國白宮召開「國家安全會議」的「高層政策協調委員會」（PRC），決定從沖繩調派兩架空中預警機，並將停泊在菲律賓蘇比克灣的航空母艦「珊瑚海號」緊急派往韓國近海。同時，美國政府也認為，「光州的事態若更加惡化的話，北韓有可能會趁機武力挑釁。」對光州民眾抗爭向美國人民做了否定的定位，也偏袒了新軍部、並合法化他們的武力鎮壓。

美國在光州事件的角色，無疑是一九八〇年代南韓開始的反美運動的濫觴。當時的卡特政府雖然標榜所謂「捍衛民主與人權」，並以「人權外交」來推動國際關係，但美國更重視的其實是自己的國家利益。當美國在國際事務上，面臨「民主」或「安全」的選擇之際，它會衡盱情勢來做決策。光州抗爭當時，很顯然卡特政府選擇了「安全高於民主與人權」的決定。

因為一心力求連任的卡特，在任期最後一年發生伊朗人質危機，六十六名美國外交官被挾持在德黑蘭的美國大使館長達一年多。人質事件讓喬治亞州花生農夫出身、完全沒有國際事務經驗的卡特總統灰頭土臉，使他的領導能力與威信大受質疑。卡特飽受人質事件震撼之後，他無法認同東北亞出現「第二個伊朗」，這才是美國會從旁支持全斗煥鎮壓光州的原因。只是華府萬萬沒有想到，全斗煥這一幫新軍部勢力會這麼殘忍，藉由屠殺如此多的人民來鞏固自己的權力。

儘管美國極力否認介入光州鎮壓，但是當時美國駐韓官員的談話前後供述不一，以及美國政府後來又持續保持緘默，更坐實了韓國民眾心目中美國難辭其咎的認知。直到一九八九年，美國政府才在一份致送南韓國會「光州特別委員會」的聲明中，首次對光州事件表態指出，「美國政策對全斗煥奪權的冷漠與公開不滿舉世皆知，唯獨韓國人不知道。全斗煥政權在戒嚴令下，利用所操控的媒體來歪曲美國的立場，並描述成對他的支持而非譴責。」

美國前駐韓大使李潔明在他二〇〇三年出版的中文版回憶錄中指出，「光州事件爆發前後，美國駐韓大使來天惠和駐韓美軍司令韋克漢，被外界認為他們在韓國動用兵力、鎮壓民間動亂上，出現相互衝突的意見。五月初，來天惠表示，美國不會反對南韓政府動用軍隊，強化警力的應變計畫，這一來等於粗心大意掩護全斗煥動用軍隊鎮壓光州示威。韋克漢的發言，使得事態更加複雜——他在一九八〇年八月接受訪問時宣稱，如果全斗煥合法地取得權位，美國將會支持他。」

「韋克漢還有一句話更不得體，他把韓國人比喻成北極的旅鼠（lemming），傾向於支持全斗煥這樣的強人領袖。南韓軍方和政府伺機曲解美方的談話，以吻合其利益。政府控制的新聞媒體，重播韋克漢談話有利於他們的那個部份。在圍困光州之時，政府控制的一家電視台，播報假消息，說是美國已同意南韓調派特戰部隊進入光州。來天惠大使雖然提出抗議，南韓方面根本沒有公開更正此一報導。」

以上這兩段引自李潔明回憶錄中文版的文字，對美國大使來天惠與美軍司令韋克漢當時的發言，以及遭到曲解與誤用的狀況，有相當詳細的描述。但是有趣的是，這兩段文字在後來在晚了一年（2004）才出版的英文版「中國通」（China Hands）中卻被刪除了。很少人發現這個差異，據信應該是ＣＩＡ在審查英文版的原稿時，以事涉敏感為由將之刪除了。

來天惠事後承認，「駐韓美軍司令管轄的第二十特戰師，從漢城調派到光州，是得到美國的同意。」但是他後來接受南韓媒體訪問時，又否認美軍與光州事件有任何關聯。他說，「駐韓美軍司令並未掌握所有韓國軍隊的指揮調度，那些在光州『肇事』的軍隊並非由美韓聯軍司令部所管轄，而是韓國軍方（全斗煥）所控制。」但是這樣的說法，並不被韓國人所接受。

不過，美國政府在前述的聲明中指出，「同意第二十師調派光州，只是依『形式權限』所做的最後認可，而不是行使實質的作戰權。」但是一九九六年公開的光州事件當時來天惠與國務院來往的秘密電報（美國自由投稿記者 Tim Shorrock 依「資訊自由法案」要求國務院公開的美韓秘密檔案，其中敏感的部份遭刪除，未予公開）則顯示，來天惠與美國政府都在說謊。美方事前對南韓空降特戰部隊的動態與任務都非常清楚；而且當時美方，包括大使來天惠與美軍司令韋克漢，都認定全斗煥是親美，而且會是聽從美國的話的人。

來天惠大使在五月七日給國務院的電報中甚至就已提到，「陸戰隊第一團也是歸美韓聯軍司令部所管轄，需要得到美國的同意才能調動；雖然韓方還沒提出請求，如果接到請求的話，美軍司令（韋克漢）會予以同意。」當年五月九日來天惠更已經表示，「韓國政府動用軍隊來補強警力的緊急計畫，美國不應該表示反對。」當時美國政府對新軍部的作為，不僅已經知情，並已表達同意與支持。副國務卿克里斯多福在回覆來天惠的電報中說，「無法反對投入軍隊鎮壓的緊急計畫。」同意來天惠對新軍部的幫助。這些電報都是在五月十七日光州民眾抗爭發生之前拍發的，莫非美國能夠未卜先知情勢的發展？

美國很清楚南韓的特戰部隊是訓練來跟北韓作戰的，它會同意新軍部調派特戰部隊去鎮壓光州，用意已經很明顯了，它當然希望利用別人的軍隊來替自己「代行鎮壓」左翼激進勢力。所以，芝加哥大學的韓國史專家康明思教授（Bruce Cumings）說，強調安全重於民主的卡特政府，藉由派遣航空母艦到韓國來展現對全斗煥的支持，也算是對他政變的承認與接受。而有了美國的強力支持，就讓全斗煥更加有恃無恐，而動員最殘暴的特戰部隊以殺戮作戰的戰術，像對北韓共產黨的作戰一樣來殺害光州人了。

光州事件的半年之前，也就是「雙十二政變」發生的八天之前，一九七九年十二月四日，美國國務院主管東亞事務的副助理國務卿郝爾布魯克，拍發給來天惠的電報中就說，「國會議員的態度都被伊朗危機所左右了，不用說誰都不希望出現第二個伊朗。」美國當時也只能選擇「軍事安全外交」的強化了。

經過光州事件的教訓之後，韓國人認為，卡特政府是對外喊「人權外交」，對內則喊「安全外交」。

但是伊朗人質危機迫使他緊急轉變方向為徹底的「安全外交」路線，也因此美國寧願接納「親美獨裁政權」，而不管他對人權的蹂躪或反民主的作為，因為美國不能坐視盟邦被蘇聯共產陣營吸納過去。

另外，還有一個可以佐證美軍「事先知情」，而且「旁助」新軍部的事例，那就是光州事件當時，在駐韓美軍擔任上士女兵的艾倫・巴斐德，後來作證指出，當年若不是美國政府與美軍在新軍部的背後替他們撐腰的話，兩千多條人命不會如此被犧牲掉。巴斐德在二〇〇三年五月接受「光州MBC電視」訪問時指出，當時情勢緊張，駐韓美軍也進入緊急警戒態勢，她所屬的空軍「韓福瑞營」的工兵部隊，根本不是作戰部隊，卻也接受了好幾天的鎮暴訓練，這是與部隊任務毫不相關的訓練。

儘管後來不斷揭露的事實與文獻，已大致可以證實，美國確實事先知情，而且默許、旁助新軍部鎮壓光州民眾抗爭，但是一位南韓歷史學家寫出更驚人的一段內幕。朴世吉在「重寫的韓國現代史」中指出，全斗煥與駐韓美軍司令韋克漢「私交甚篤」，因為他們都同樣出身特種作戰部隊，而且一九七〇至七一年全斗煥以特戰部隊聯隊長被派到越南參戰，就和韋克漢密切交往而建立了深厚的交情；而且全斗煥曾兩度在美國受過特種作戰、野地求生的最艱苦訓練，他能說流利的英語（一九八〇年他不需透過傳譯就能接受美國記者的訪問），後來又繼續每天抽出兩小時與美國人會話，以方便發展與美國人的關係，親美的態度相當明確。

所以，一個很合理的假設是，全斗煥可能就是美國所扶植起來接替朴正熙的人。卡特政府對朴正熙「維新體制」的違反民主、迫害異己、戕害人權的行徑，已經相當不耐，在威脅撤軍的強大壓力都無法讓朴正熙屈服的情況下，於是先收買金載圭暗殺朴正熙，然後再利用亂局把培植多年的全斗煥推上台面。而全斗煥是接受反共意識型態與教條教育的「愚忠軍人」，軍旅生涯一路得到朴正熙的特別寵愛，也一直以朴的繼承人自我期許，再加上自己的政治野心，以及「以天下興亡為己任」的盲信，於是與美國一拍即合。

美國先從韋克漢對全斗煥的強烈背書，而充分信任他會走「親美路線」，再全力給予政策與行動的支持。包括他發動雙十二政變時，駐韓美軍司令部並未採取任何行動來制止，美國也未曾有任何言辭表態。這樣的異常態度，讓南韓人民合理懷疑雙十二政變是由美國幕後所操縱，甚至確實從側面提供支持。後來，紐約時報記者哈洛藍報導，美國曾警告鄭昇和的親信將領「不能搞反政變」；紐約時報還報導說，國務院評估，「新軍部的將領比鄭昇和更穩健」。

而在此之前，美國在刺朴案發生之後，對於誰來繼承朴正熙的位子，也幾乎有了定見。一九七九年十一月四日的紐約時報就引述國防部官員的話說，「最理想的辦法就是依靠韓國軍方，他們是唯一擁有效力量的權力機制。」所以，美國全力支持全斗煥的上台，以維繫韓國既有的「支配結構」並繼續親美，以符合美國最大的利益，是絕對可以想像的。朴世吉「重寫的韓國現代史」，基本上就是持這樣的觀點。

如果以上的假設確為事實，則後來光州民眾抗爭的鎮壓之前，以及鎮壓過程中美國的角色，也都是可以想見的。美國是否事先知情、是否默許或旁助，甚至是背後主導，都已經不重要了。美國既然支持全斗煥政變奪權，就沒有理由不繼續支持他靠殺戮鎮壓來鞏固權力。這還可以從另外一個事例得到佐證，也就是因為美國有在背後的強力支持，所以全斗煥被判處死刑之後，卻又改判無期徒刑，最後還被赦免釋放，而能夠苟活到二〇二一年十一月。

儘管如此，全斗煥靠槍桿子奪權，因欠缺合法性從一開始就不得人心，又為了掌控權力大肆屠殺同胞而失去道德正當性，這些罪孽在後來平反光州的過程中，都還給了受害者歷史的基本正義。而美國違背常理與歷史規律，強力支持一個親美的軍人獨裁政權，也換來同樣的現世報而付出慘痛的代價：在二十年間讓一個原本親美的國家，變成一個全民反美的國家，而且是全世界最反美的國家。以下我們再來回顧南韓從親美到反美的變化歷程。

二、早年的親美時期

事實上，在一九八〇年以前，韓國社會的親美性格非常強烈，美國不僅是它反共的盟友，更是幫助南韓擊退北韓南侵，使朝鮮半島的南半邊免於遭到共產黨赤化的恩人，人人對美國充滿了好感，「親美」都來不及了，根本不可能會有反美的理由與情結。所以反美情結在當時的南韓，是完全不存在的東西。

甚至到了一九八〇年代中葉，國際間在討論世界性反美主義的文章中，南韓也都還未被列入討論的對象。所以，當時的南韓可說是世界上絕無僅有的「無反美情結」的國家，韓國學者把這種現象稱之為「反美情結的無風地帶」。

直到一九八〇年光州抗爭悲劇的發生，反美情結以知識份子與大學生為中心開始滋生。接著，一九八二年釜山美國文化中心縱火事件、一九八五年漢城美國文化中心被佔領示威事件的發生，以及一九八六年開始蔓延的反核、反戰運動，乃至於韓國是否為「美國殖民地」的論戰等，展開了意識型態化的組織性反美運動。到二〇〇〇年代初，組織性的反美運動更成為全國性的全民運動了。

南韓第一位研究「反美情結」的學者、慶北大學教授金辰雄，把韓國人的反美區分為兩種類型，即「反美情結」與「意識型態性反美主義」。前者指的是，「對美國特定政策或行為的批判，或對此感到憤怒」；後者則是指，「根據系統化的理論或意識型態而對美國全面敵視的狀況」。韓國人的反美主義，包含了這兩種型態的共存，也就是一般民眾層次的「大眾化反美」，以及運動家層次的「理念化反美」。

短短的二十年之間，韓國人的美國觀從「聯美」、「親美」、「崇美」、「知美」，再到「嫌美」、「批美」、「反美」，而進一步想要「克美」；反美情結在韓國從無到有，再從有到最強，究竟何以致之？我們可以從階段性的變化來加以分析。也就是「無反美情結」的七十年代後期以前，「反美運動滋長期」的一九八〇年代，以及「反美情結大眾化」的一九九〇年代以迄於現在。

一九四五年九月北緯三十八度線的南北分由美蘇佔領以來，以迄於一九四六年初開始的美軍政時期，南韓政界有些許的反美論調，以及韓戰之後間歇發生的駐韓美軍犯罪行為而引發批判之外，幾乎完全沒有任何可視為「反美」的行為。一九四五年到一九八〇年代後半期的四十年間，儘管發生了一些美軍殺人與強姦的犯罪行為，但都沒有直接引發韓國人民的反美意識。我們可約略探討一下反美情結滋生之前，韓國人的美國觀大約的狀況。

韓國在一九四五年從日本帝國主義統治光復之後，韓國人把美國視為解放者，自由、平等與人道主義的國家，把美國「理想化」的美國觀佔了絕大多數。到一九五〇年韓戰爆發之後，韓國人對美國的「友邦意識」與「血盟意識」更為高漲，傳統的親美意識因而更形強化。當時韓國人對美國文化的認知都來自於美軍，儘管有識者批判美國文化已對韓國人的文化認同造成威脅，但大多數的韓國人都認為美國是西方世界最富強、最先進的現代化國家，因此不僅將美國理想化，也對美國充滿嚮往而極力想要模仿美國。

一九六〇年代，韓國人的美國觀主要是以親美傾向佔了絕大多數。一九六〇年代初期韓國與日本的關係正常化談判，是在美國的壓力之下展開，雖然遭到一些大學生的批判，但並未構成實質反美的氣候；直到韓國派兵到越南參戰，雙方關係可說是達到了最佳的蜜月狀態。

但是，一九六〇年代後半開始發生的一些事件，像北韓對南韓的武力挑釁，一九六九年七月尼克森總統的「關島宣言」；到一九七〇年代初期，美軍第七師從韓國撤軍，美國縮減對韓國的軍事援助，並要求分攤防禦經費等等，導致雙方開始發生摩擦，當時主要是執政勢力的反美情結開始產生。但是韓國人一般還是對美國抱持著友好的認知，韓國人對美國、美國人、美國文化的接觸也都大幅增加，同時，韓國人的美國觀也較一九四〇至五〇年代更為客觀化與現實化。

到了一九七〇年代，韓國人對美國的評價卻切割成兩種面向，也就是官方層次的衝突與民間層次的友好。朴正熙宣布的維新體制，在尼克森與福特政府時代還能相安無事，他們並不干涉韓國的內政；但是一九七七年上任的卡特政府，卻以人權外交對韓國大加撻伐，導致朴正熙本人及他的政府對美國的觀感一落千丈，反美情結大為升高。

卡特後來更進一步威脅朴正熙，若不改善人權狀況，不惜自南韓撤軍，以及朴東宣涉嫌賄賂美國國會議員的「韓國門（Korean Gate）事件」，引發美國國會對南韓施加龐大壓力，導致韓國人民的憤怒，反美情結於是開始萌芽。不過，基於美韓之間仍有共同的安全利益，當時還能夠維持緊密的合作關係。

儘管如此，當時一般韓國人對美國還是維持友善的態度。七〇年代後半期，學生運動開始批判朴正熙政權依賴外資的經濟政策，特別是強烈批判對日本經濟的依賴，但是並未對美國有任何的批判。學運份子把朴正熙批判為「美日帝國主義者的走狗」，他們擔心南韓會因為附屬於美日經濟體制，而成為新殖民主義的祭品。不過當時把美國批判為「帝國主義國家」，算是極端的特例，反維新體制的一般韓國人，並未抱持相同的態度。他們曾經對卡特的人權外交有所期待，希望能迫使朴正熙政權善待異議人士，儘管後來是失望了，但他們還是相對地展現對美國的友好態度。

因此，到七〇年代末期為止，反美主義在南韓社會並未公開存在。執政當局雖然因為跟美國的摩擦而有個人的反美情緒，也容許人民選擇性地批判美國，但是並未以人民組織性的反美主義當做政治工具來利用。而學生運動雖迭有反美論調，但也沒有發展成為具體的反美行動。所以六〇、七〇年代韓國人的美國觀基本上是維持著肯定與善意的態度。他們也都知道，美國是以自身的利益與民意趨向來推動對韓國政策，所以也對美國有了比較客觀與務實的認知。一九六五年與一九八一年的兩次民調顯示，有六十八％與六〇・六％的韓國人最喜歡的國家是美國，可見當時韓國人有多麼的親美了。

三、反美情結開始滋生

從全民大多數都親美轉變成全民大多數反美，最關鍵性的事件，無疑就是一九八〇年五月的光州大屠殺了。這場全斗煥為了遂行個人政治野心而發動的殘酷鎮壓過程，美國的角色究竟為何？美國在背後提供全斗煥多少的幫助？美國顯然有著無可推卸的責任。於是，「追究美國在光州事件的責任」，成為一九八〇年代之後興起的反美情結的契機；激進的韓國人甚至要追償戰後以來，美國人所加諸於韓國民族的情感傷害。美國在朝鮮半島，因而成為美國的「原罪」了。

一九八〇年代韓國的反美運動，是以大學生為主角，然後才漸漸擴散到知識階層與宗教界。到八〇年代中半期，因為韓國經濟的高度成長，使得人民的自信與自尊大為提高，民族意識也跟著高漲，此時開始發生的兩國貿易摩擦，美國不斷對南韓施壓要求開放市場，導致反美情結迅速擴散到一般社會大眾。

當時南韓大學生認為，韓國軍隊的「作戰指揮權」是掌握在駐韓美軍司令的手上，沒有美軍的同意，全斗煥是絕不可能調動美韓聯軍司令部所屬的第二十空降特戰師的部隊到光州去鎮壓民眾抗爭，因此，美國對光州屠殺的「默認」、「旁助」、「嗾使」，甚至是「共謀」等，都使美國難脫責任。因此大學生的反美運動一再主張，要求對美國的角色「重新評價」，才能釐清光州的真相，也才能對死難者與南韓全民有所交代。

光州事件發生不到一年，一九八一年初上任的美國總統雷根，第一位邀請訪問華府的外國元首，竟然是南韓總統全斗煥。美國的邀訪等於是以行動證明了美國對這個血腥屠夫的支持，使得南韓大學生對美國更是無法諒解。他們自此堅信，美國必然是鎮壓光州的共謀。從此，南韓大學生指控美國是壓制第三世界國家的「帝國主義者」。

後來在一九八二年發生的釜山美國文化中心遭大學生縱火事件，進步傾向的基督教牧師首先發難，指控美國是鎮壓光州的共犯。當年四月，四十二位基督教與天主教神職人員發表共同聲明指出，光州事件是得到美國的「默許」；他們並指責，雷根政府主管韓國事務的官員，對韓國人民的侮辱性言詞，是導致產生反美情結的具體原因。

最具代表性的例子，首推當時的駐韓美軍司令韋克漢曾在一次談話中說，「韓國人就像是『旅鼠』（lemming）一樣，無論任何人來當領袖，他們都會跟著走。」他這種論調，也間接「合理化」了全斗煥的政變奪權。此言一出，當然引起韓國人的強烈反彈。

後來，韓國學生漸漸將反美意識「理論化」與「體系化」。一九八三年，大學生把韓國定位為「新殖民地國家」，他們主張對法西斯全斗煥政權的鬥爭，就是對帝國主義國家的鬥爭；而且，美日韓三國的軍事同盟，是危險的新冷戰的開始，他們堅決反對。一九八四年的學生運動中，大學生的口號是，對抗全斗煥政權的鬥爭，是反帝國主義與反法西斯的「民族民主革命」，第二年，進一步發展成為民主、民眾、民族的「三民主義鬥爭」（簡稱「三民鬥」）。

學生將美國定位並批判為帝國主義，並非只是因為雷根政府對全斗煥政權的支持，也與民族統一的民族主義認知有極深的關聯。到一九八六年，美國仍持續支持全斗煥政權，並施壓要求韓國開放市場，以及韓國民族主義的覺醒，使學生運動公然揭示反美主義。於是，大學生對美國的批判轉變為「民族解放、民眾民主革命論」；他們認為，韓國社會的根本矛盾，是韓國民眾與美帝國主義者之間的矛盾，而將意識型態性反美主義予以體系化。

一九八〇年代中半以後，大學生發現韓國社會的根本矛盾，是南北韓的分裂與階級矛盾，於是展開了以反獨裁、反資本主義、反美為目標的「反帝」運動。韓戰以來，全面性的反美主義正式登場了。學運份子認為，美國是全斗煥政權的背後靠山，若不根除美國勢力，韓國就不可能民主化。學生運動於是發展到主張要打倒獨裁政權，就必須推動反美國、撤出駐韓美軍與部署在韓國的核子武器等的反美運動。

一九六〇年代末期發展自中南美的「依賴理論」（Dependency Theory，南韓譯為「從屬理論」），在南韓八〇年代開始的反美運動中，成為重要的理論依據。但是後來隨著南韓經濟的高度成長，中南美國家扈從於資本主義國家的依賴經驗，並未在南韓重演，所以依賴理論到八〇年代末期就漸漸在南韓銷聲匿跡了。

結果，一九八五年成了反美運動的關鍵高潮，在野團體、學運勢力以及反政府人士，對美國做了「無法視為韓國人真正友邦」的論定。一九八八年統一運動熱烈展開之際，美國更進一步遭到大學生與知識分子批判為「阻礙統一的分裂元兇」。這時期學生運動的反美，是以意識型態為根據，政治性反美主義的性格相當強烈。韓國與美國的關係本身，也成為批判的對象。

南韓學生的反美批判，也直接表現在具體行動上，要對美國施予懲罰。一九八〇年十二月光州的美國文化中心遭到縱火，一九八二年釜山美國文化中心也遭縱火，都是為了展現對美國的強烈不滿。同時，他們認定美國是支持不道德的全斗煥政權的最大力量，美國還強迫弱小國家維持冷戰體制。一九八二年四月，江原大學的學生高喊「洋基滾蛋」並且焚燒美國的星條旗抗議。後來，隨著當局對學運的暴力鎮壓，讓大學生更形激進而將反政府與反美運動結合在一起，當時大學生還號召「拒服兵役」、「拒當美國帝國主義與法西斯的傭兵」。

學生反美運動的最高潮，是一九八五年五月發生在漢城市中心的佔領美國文化中心示威事件，學生強烈要求「美國為光州負責並且道歉」，持續三天的示威，成了國際大新聞，讓全斗煥政權灰頭土臉。此後，接連發生美國在韓機構遭到佔領或攻擊的事件，一九八八年二月漢城美國文化中心被佔領、一九八八年五月七名大學生對美國大使館投擲土製炸彈、五月二十六日韓美銀行分行遭汽油彈攻擊、十一月漢城漢南洞的美軍住宅區遭汽油彈攻擊，以及一九八九年十月六名大學生侵入美國大使官邸的客廳。這些事件都在南韓媒體的大幅報導之下，成為民眾關心的焦點，也使得韓國人的美國觀受到極大的衝擊。

不過，一般韓國人反美情結的擴散，與大學生意識型態化的反美主義不同，他們是受到一九八〇年代初以來，美國對南韓產品的進口限制，以及施壓要求南韓開放國內市場，引發南韓人民的「經濟民族主義」情結。從當時起，美國要求開放的不只是農工產品的進口，還包括保險、廣告、金融等服務業的市場；其中以美國最具優勢的農產品開放進口的壓力，最讓韓國人反感，反美情結的全面擴散就是導因於此。因為開放美國農產品進口之後，勢必造成韓國農家收入的銳減，農村的荒廢也讓一般人民擔憂，反美情結於是節節升高。這種由貿易戰爭導致一般韓國人的反美情結，其程度並不遜於激進的大學生，連農民也因而強烈反美。

美韓貿易摩擦煽起的反美情結，最大的爭議焦點就是美國對南韓進口自由化的壓力。在韓國人的認知裡，美國與南韓是具有特別關係的友邦，美國怎麼會對韓國如此殘忍，而提出這麼多的無理開放市場要求，並設定諸多的限制來抵制韓國商品銷到美國。由於貿易摩擦都是媒體上公開報導的新聞議題，不像政治或國防衝突只能在檯面下較勁，所以南韓人民的反美情結就一發不可收拾了。

韓國人把美國的貿易壓力，視為「外國的經濟侵略」。特別是要求南韓開放美國稻米的進口，是對弱小國家農業的扼殺；對傳統「以農為本」的韓國而言，根本就是趕盡殺絕的作法，讓韓國人感覺美國的冷酷與殘忍，反美情結在南韓社會的全面擴散，乃是可以想見的事。

一九八〇年代韓國與美國兩國政府之間的關係，儘管維持得比朴正熙時代友好許多，不過在民間層次，以大學生、知識份子為主的意識型態性反美主義，以及一般韓國人的反美情結，卻呈反比的走勢不斷升高。原本在七〇年代還居大多數的親美意識，也隨之大幅下滑。在民調中「美國是最喜歡的國家」，從一九八四年的三十七．三%以及一九八七年的三十六．三%，驟跌到一九九〇年的十九．五%與一九九一年的十九．七%。一九八一年曾高達六十．六%的紀錄，已成為明日黃花。而且，反美情結也隨著年齡越低、學歷越高，而越為強烈。

一九八〇年代可說是韓國人的「美國觀」大翻轉的十年，除了光州大屠殺事件是直接的導火線之外，韓國人在經濟蓬勃發展之後自信心的提升，以及貿易摩擦導致民族意識的高漲，一九八八主辦年漢城奧運提高了南韓的國際地位等因素，都使得反美意識與民族自尊交相衝撞，而形成彼消此長的現象。反美情結從滋生到加溫增長，為一九九〇年代之後成為大眾化的「全民反美運動」奠下了基礎。

四、全民反美階段

一九八〇年代狂飆的反美運動，成了啟蒙南韓人民反美意識的觸媒，進入一九九〇年代之後，反美情結已不再是新的政治議題，而成為普遍化、大眾化的現象。韓國學術界一般都把一九八八年界定為「反美意識擴大發展的一年」，把這股光州屠殺之後滋生自知識階層與學運、民運勢力的情緒，擴散到全民的層次。

這一年之所以是關鍵的一年，是因為夏季奧運在漢城舉辦。當年二月，全斗煥這個法西斯獨裁政權已經下台，韓國步上民主化改革的契機；而且為了辦好奧運，南韓政府不得不更加速自由化與開放的步伐，奧運與民主化因而互相成為戰利品。奧運期間發生了一些摩擦，而使南韓的民族自尊大受傷害的事件，包括美國NBC電視台對南韓形象的意外醜化，以及美國選手的偷竊事件等交相刺激之下，如同火上加油，在新聞媒體的煽風點火之下，全民同仇敵愾的反美意識完全被揭揚起來。奧運因而成了南韓反美情結的最佳宣傳工具。以致於一九九〇年代之後，反美主義在南韓就成為既普遍又很自然的事情了。

反美意識的高漲成了全民運動。這一階段的反美主義於是被界定為「反美運動的大眾化」，並尋求將「反美自主化運動」發展成為名實相副的「大眾運動」、「國民運動」。二〇〇二年六月發生的女學生遭美軍重裝甲車碾死的事件，又成為一次全民反美運動的高潮，結果造成當年年底標舉反美旗幟參選的盧武鉉的當選。次年，意識型態化反美主義者更將民眾反美運動組織化，而使反美意識全面高漲起來。

一九九〇年代反美運動擴散成為全民運動的另一主要原因，是美國對南韓施加的經濟壓力，掀起了南韓人民的「經濟民族主義」。當時美國在WTO「烏拉圭回合」（UR）談判過程中，對韓國施加更大的市場開放壓力，韓國人民的反美情結乃成正比的不斷提高。其中美國要求南韓開放稻米進口，是最刺激南韓民族意識的一項。一九九一年七月，全韓國五萬多名農民與三萬多學生走上街頭示威，抗議美國的稻米市場開放壓力，是要扼殺南韓的「國之大本」以及農民的生存權。

他們無法容忍美國「如此露骨地對韓施以帝國主義經濟侵略」。一八七一年美國對朝鮮曾有過「辛未洋擾」事件，當時是以船堅砲利迫使朝鮮開放通商，一百二十年後的辛未年，現在美國用的則是「貿易法」超級三〇一條，來要求南韓開放市場。儘管時空環境不同，但韓國人在民族主義情結之下產生的受害意識，卻是如出一轍。「捍衛民族糧食主權」成了農民反對開放稻米市場的最響亮口號，當然也引起了一般人民的廣泛共鳴，對反美意識的擴散有推波助瀾的效益。

除了貿易摩擦之外，一九九〇年代初期，美韓之間還有一些爭議焦點，包括「駐韓美軍行政協定」（SOFA）的修訂問題、漢城市內龍山區美軍基地的遷移問題、作戰指揮權的轉移問題、分攤駐韓美軍的軍費問題等，都是涉及國防與國家安全的重大議題。此外，韓戰時美軍在忠清北道永同郡老斤里的屠殺良民事件，在一九九四年開始成為社會議論的話題之後，有關美軍在韓戰期間迫害韓國人的問題，從此也成為美韓之間摩擦的新議題。

反美運動在這些議題的鼓吹之下，開始形成「為生存權而反美」的新共識。這其中還把駐韓美軍基地所使用的七千三百萬坪土地的所有權問題，以及軍事基地土地的污染與噪音問題，結合到一般人日常生活與環保問題等層次的全民反美運動。

後來在一九九三年，因為美國對北韓加強核武檢查，以及北韓宣布退出「禁止核子擴散條約」（NPT），導致東北亞情勢緊張，美國與北韓的緊張對峙關係，也使南韓的意識型態化反美主義受到鼓舞，他們認為美國對自己北韓同胞的欺壓，已到了無可理喻的程度，加上學運勢力左傾與親北韓的理念化鬥爭傾向，使得反美主義在北韓核武議題的加溫之下，又更形升高。

到了一九九〇年代中葉，由於美國對北韓核武檢查的爭議有了轉圜，雙方於一九九四年簽署了日內瓦架構協議，如此一來，使得美韓關係呈現比較安定的態勢。除了激進反美主義勢力之外，一般人民的反美意識沒有受到其他事件的影響，而稍微穩定下來。

但是到了一九九七年下半年韓國爆發金融危機，美國率先在國際貨幣基金（IMF）紓困之前提供支援，遭到韓國激進勢力視為美國趁機強制灌輸新自由主義理念，導致韓國國家資產外流，而且美國也為了自己的經濟利益，對韓國施加不當的壓力。IMF紓困期間，一股反美情結在人民心中隱隱發作。芝加哥大學的康明思認為，美國在南韓金融危機時的態度，激發了韓國人的反美情結。

二〇〇〇年六月，南北韓高峰會在平壤召開，美國柯林頓政府在背後的支援，使得美韓關係維持得相當穩定。接著，美國政府在當年十月邀請北韓國防委員會副委員長趙明祿訪問美國，然後美國國務卿歐布萊特在二〇〇〇年十月報聘回訪北韓，不僅是兩國關係最佳的狀態，也使朝鮮半島的情勢得到相當緩和的效果。

不過這樣的緩解也只是曇花一現。二〇〇一年上任的美國小布希政府，對韓國的反美意識構成了新的刺激。如此，導致半年多來南韓對北韓的懷柔策略付諸流水，後來更因為美國遭到九一一恐怖攻擊，布希採取強硬的單邊主義外交政策，讓韓國人的反美情結全面惡化。南韓「中央日報」在二〇〇四年九月底做的一項民調顯示，有七十二％的韓國人「討厭布希」，但是喜歡美國人的仍高達六十五％；不過，也有六十七％的韓國人在過去兩三年間對美國的印象「變壞」了。

才又開始吹起的反美旋風，因為二〇〇二年六月發生的兩名中學女生遭美軍裝甲車碾斃的事件而再度加溫。後來，美軍法庭將肇事者判處無罪導致全韓輿情譁然。韓國人因而懷疑美軍駐紮韓國，顯然是弊大於利；當年十二月十四日舉行的全國追悼與聲討燭光晚會，不分老少共有十多萬人參加，他們要求布希總統要為女生的死亡道歉，這次大規模的活動，讓反美運動成為大眾運動。五天後舉行的總統大選，於是選出了標榜「左傾、反美、親北韓」的盧武鉉。

在此同時，美國與北韓在二〇〇二年十月重燃的核武檢查危機，也使美國與南韓因此發生衝突；南韓民眾一方面對「六方會談」寄予期待，另一方面也對美國可能對北韓的核武設施採取「外科手術式的轟炸」感到憂慮。

二〇〇三年八月十五日，標榜進步的政治勢力舉行「反戰和平八一五統一大遊行」，呼籲「揚棄韓美共助，實現民族共助」。工運團體也訴求藉由工運界的團結，來遏止戰爭的發生。這個階段反美運動的訴求，是駐韓美軍基地遷移問題，以及派遣韓國戰鬥部隊到伊拉克維持和平的問題。反對派兵的主張是，美國在伊拉克打了一場沒有名分的戰爭，韓國派兵去善後，等於是去當美國的傭兵，如此不僅會導致韓國士兵的犧牲，也會危害朝鮮半島的和平與安定；他們並批判，韓國派兵到伊拉克，更加證明了這是隸屬韓美同盟的產物。

一九九〇年代以來的反美運動，事實上已經超越了單純的反美主張，而形成有組織的政治勢力。除了一貫主張反美的學運團體之外，一九九五年正式開始的工運團體「民主勞總」，也強調基本課題之一是要「確立民族的自主性」，至於具體的落實方式，則宣示「縮減駐韓美軍、撤銷分攤軍費，以及廢除美韓行政協定等各項不平等條約，基於平等互惠原則重新確立美韓關係。」

二〇〇〇年一月組成的「民主勞動黨」，在創黨宣言中指出，「反對國際投機資本的侵襲，反對美國的軍事霸權主義」；也在黨綱中主張，「冷戰體制崩潰後，美國這個僅存的霸權國家，幹盡了帝國主義的迫害與橫暴」；民勞黨的外交綱領則提出，「廢除不平等的美韓軍事條約以及行政協定」，短期內先縮減駐韓美軍，長期則應完全撤出駐韓美軍。

反美意識鮮明的民主勞動黨，在二〇〇二年六月的地方議會選舉中，一共得到八・一%的得票率；當年十二月的總統大選中，工運出身的該黨候選人權永吉，得到三・九%的支持票。然後，在二〇〇四年四月的國會議員選舉中，民勞黨得到十三%的得票率，一共獲得十個國會議席，正式成為體制內的政治團體。他們標舉著反美的立場，當然持續反對加派戰鬥部隊到伊拉克。

總之，從一九八〇年美國「默許」與「旁助」光州屠殺事件而引發的「政治性反美」運動，到人民捍衛生命財產安全的「經濟性反美」運動，乃至於奧運競賽引發的「文化性反美」運動，都具有不同意涵與不同族群階層的性質。南韓學者洪成泰分析這些反美意識的根源，是來自於對「美國的傲慢與偏見」，以及「美國的貪婪與霸權」的不滿。

儘管如此，反美情結會在短短的十年間迅速在韓國滋長，其原因還是相當多元與複雜的。其中，糾結了美國高舉反共大旗，對反民主的軍事獨裁政權的強力支持；以及謀求本身經濟利益而對附庸國家的市場壓榨，無視於弱小國家的民族自尊；乃至於好萊塢大眾文化的侵略與駐韓美軍的弊害等；當然還有南韓社會蔓延的左傾意識型態，以及對北韓「主體思想」的盲從等因素；最後再加上布希政府反恐的單邊主義政策，都助長了韓國反美情結的發展與擴散。

而且，原本只是大學生的意識型態性反美運動，因為美國對光州屠夫全斗煥的支持，而激起知識階層、宗教界人士、文化界人士的紛紛加入；後來的貿易摩擦引起的反美意識，則又帶進了農民與勞工的參與，進而擴散到一般市民大眾。一九九〇年代民主化的落實，自由開放的政治空間，不再像過去威權時代的百般禁忌，也讓反美運動有了相當豐富與完善的社會條件去發展，理念化的反美運動家乃得以運用組織化的方式去啟蒙與教化民眾。直到追悼女學生的燭光晚會，讓全民的反美意識有了共鳴，並藉此機會得到宣洩，而達到普遍化的效果，自此，反美乃成為全民運動，終至選出反美總統，並形成政治勢力進入國會殿堂。

隨著民主的深化，言論自由以及人民選擇權的保障，可以預見南韓的反美意識與運動在短期之內還不可能淡化或消失。而且，在南北韓關係持續受制於美國的東北亞安全政策的情況下，只要美國與北韓關係沒有改善，北韓並且不時以發展核武甚或核子試爆來威脅美國與自由世界的話，南韓與美國的關係也難以有所突破或緩解，如此一來，南韓國內的反美運動就很難稍歇。當然，最終還是要取決於美國的國際政治盤算與政策運用的效益而定了。

不過，如果從美國的立場來看，為了扶植全斗煥這個親美反共的軍人獨裁政權，它所付出的代價不可謂不小。從一九四五到一九七六年間，美國一共對南韓提供了一百二十五億美元的援助，其中六十八億美元是軍事援助，五十七億美元是經濟援助；一九五〇年爆發的韓戰，在三年的慘烈戰鬥當中，美軍共有三萬三千六百三十五人死亡，十一萬五千一百五十二人受傷，而且一共投入了一百五十億美元的戰爭經費。這些有形的龐大支出，好不容易才維持住南韓的反共親美政權，卻在一九八〇年的光州大屠殺而被完全抹煞了，讓整個韓國從最親美變成最反美、對美國最批判性的國家（Pew Research Center, 2002. 12. 4.），這個代價是不是值得，就看美國人自己怎麼算了。

韓國的「去漢化」

朝鮮半島的「去漢化」（de-sinicize），最早要追溯到「李氏朝鮮」時代的世宗大王，於西元一四四六年頒布「訓民正音」創制「韓文」（한글）。他在詔書中說：「國之語音，異乎中國。與文字不相流通，故愚民有所欲言而終不得伸其情者，多矣。予為此憫然。新制二十八字，欲使人人易習，便於日用矣。」

這段文字，開宗明義就點出創制韓文的目的，是為了讓人民能夠暢所欲言，自由地表達與中國不同語音的韓國人的生活語言。有了這套新制定的拼音文字，就可以把過去「漢字」寫不出來的「純韓語」（約佔韓國語言的兩成）表記出來；也可以使韓語讀音與中國不同的漢字，藉這套拼音字系統讓一般人民易讀易學。

所以，我們可以看出，朝鮮世宗大王創制韓文的初衷，並不是為了「去中國化」，或是「去漢字化」，純粹只是為了人民生活上與溝通上的便利而已。

如此的邏輯思考，用在其他中國的方言上，就不難理解。因為在台語、客家語，乃至廣東話等諸多方言中，有一部分的語言是無法用漢字做文字書寫的，這就造成各地人民極大的困擾，因為若語言無法「文字化」，就無法忠實而傳神地留下歷史記述，也無法擁有自身的文學創作。這是殊為可惜的事。

然而，「訓民正音」頒布之後的五百年間，由於教育仍為士大夫階級所專屬，民智未開且文盲率極高，韓文的使用並未普及。僅做為漢字之外的純韓語的輔助表記文字，只能算是漢字的附屬品。

到了一九〇六年，朝鮮語言學家周時經首次提出漢字問題的嚴重。他認為，漢字是外國的文字，不僅很難學，朝鮮半島幾乎沒有人可以完全讀懂，而主張應該立即整理韓文並加以普及。當時，西歐列強的侵略已迫在眉睫，周時經認為應透過教育來喚醒民族自覺，並驅除民眾的文盲，解決之道只有「獨尊韓文」。

獨尊韓文開始落實，是在擺脫日本殖民統治之後。一九四八年十月九日，剛成立兩個月的大韓民國政府，頒布了第六號法律「韓文專用法」。迫切需要採行獨尊韓文的背景，是一九四五年日治的朝鮮總督府曾做過一項文盲率的調查，當時十二歲以上的人口中，有七十八%是完全無法讀寫韓文的文盲，這是一九三〇年代以來，學校廢除韓語教育所致。

驅除文盲為最優先的情況下，確實沒有餘力可以連漢字也一起教導。學習漢字，對大幅提高一般中下階層的識字率，成為極大的障礙。因此，戰後南韓的「去漢化」，除了民族自尊的鼓吹之外，更在於民智的啟迪。獨尊韓文的結果，十二年之間，到一九五九年文盲率下跌到二十一%，效果極為顯著。因此，與其說韓文專用的政策是「去漢化」，不如說是「尊韓化」更為貼切。

儘管如此，一九四八年採行「韓文專用」之後，並非沒有阻力。南韓的文字政策一路走得跌跌撞撞，經過不斷的更迭，一變再變。截至目前，表面上至少有過「韓文專用」政策十次，「漢字混用」政策七次，可謂相當混亂。

一九七〇年起，漢字消失在小、中、高校的教科書中；但是到了一九七五年再度出現在初、高中的教科書。不過，那並不是「漢字混用」，而是把漢字放在括弧之中，做為輔助性表記的「漢字併用」。如此的「漢字併用」，一直沿用到現在。而目前韓國小、中、高校的「國語」授課時段，完全沒有「漢字教育」。其間，只在一九七二年制定「漢文教學」使用的一千八百個基礎漢字，在「漢文課」時段教授。因此，在各級學校中，漢字教學相當有限。

以下是一九四五年韓國光復迄今，漢字政策的變革。

一、一九四五年十二月，「美軍政廳」設置的「朝鮮教育審議會」決議，小學與中學的所有教科書，全部以韓文書寫，只在必要時在括弧中使用漢字。但此決議僅適用於教科書，報紙、雜誌與官方文書仍採「韓漢混用」制。

二、一九四八年十月頒布的第六號法律「韓文專用法」中，規定官方文書只能使用韓文。不過，其中加了但書：必要時得併用漢字。此法對於民間毫無約束力，所以報紙、雜誌等一般期刊仍長期漫無限制地使用漢字。

三、一九五一年一月，韓國政府指定一千個漢字做為教學用。一九五七年十一月追加了三百字，其中的七百四十四字在國小國語教科書中在括弧之內併用。這期間，文教部於一九五五年公布「韓文專用法」，只有學術用語在不得已時，得在括弧內添寫。一九五七年十一月開始積極限制漢字，公布了一千三百個「臨時容許漢字」。

四、一九五七年十二月，國務會議通過「韓文專用積極促進案」，內容包括：招牌與封套、告示牌與公告文、各種印刷品等都得使用韓文、惟固有名詞、學術用語等容易混淆的詞彙，不得已的情況下得在括弧中標示漢字。

五、一九五八年一月，對所有政府機關發布「韓文專用實踐要領」，這項要領強制勸導官方文書、政府機關名稱與標示、商店與一般商社的招牌，都必須使用韓文。雖然達到一些效果，但並非法制化。

六、一九六三年二月，規定修訂版教科書中使用的漢字，國小六百字、中學四百字、高中三百字（但實際上刊用的漢字，國小六百零二字、中學一千字、高中一千三百字）。

七、一九六五年十一月，「韓文專用法」修正頒布。規定自一九七一年十月九日起，所有的文書必須以韓文橫寫，但是遭到強烈反彈，法律無法施行。

八、一九六八年五月，發表「韓文專用五年計畫」。到一九六八年底為止，所有期刊使用的漢字限定為二千字；到一九六九年底為止，減少到一千三百字，從一九七三年起全面專用韓文。

九、一九七〇年三月，發表教學漢字，各級學校教科書全面韓文專用。但是報紙與期刊仍維持「韓漢混用」的表記方式。一九七二年八月，教育部發表一千八百個基礎漢字，做為漢文教學使用。

十、一九九一年三月，大法院（最高法院）發表二千八百五十四個使用在人名的漢字。從四月一日起施行。

十一、一九九五年，授予國校校長漢字教學的裁量權。在韓文專用政策下，國小雖然全面禁止漢字教育，但可依各校的裁量，以三、四、五、六年級學生為對象，施以基礎漢字六百字的漢字教學。

十二、一九九七年七月，新制「住民登錄證」（國民身分證）變更方針，採用「漢字併記」的方式。過去只登記韓文姓名，但是因為同名者太多，輿情反映應該併記漢字，以便迅速識別。當年十月開始發行的新版塑膠身分證，正式採行姓名併記漢字的方式。

十三、二〇〇〇年一月，將一九七二年頒布的漢文教學用的基礎漢字（一千八百字）中，許多已不符時代需求，重新加以更替。由「韓國漢文教育學會」經過對各國基礎漢字的調查：北韓（一千五百字）、中國（二千五百字）、日本（一千九百四十五字）、台灣（四千八百零八字）之後，向教育部提出報告，以使用頻率加以對比後做出重整。剔除了十六字之後，新加了二百一十六字，使基礎漢字增加到二千字。

以上是韓國漢字政策演變過程的重要事件。

此後，較重大的「去漢化」的事件，就是現任總統李明博擔任首爾市長時，在二〇〇五年一月十九日，宣布將原本只有「純韓語」發音，寫不出漢字的市名「서울」（Seoul）的漢字名稱，改為「首爾」。這是經過一年多的研究與民意調查之後做出的決定。

漢字更名為「首爾」的目的，很明顯地，就是要在華文圈擺脫「漢城」這個「從屬性」極強的認知，讓韓國人民能夠藉此建立民族自尊，尤其是在一九九〇年代末期開始興起、並席捲亞洲乃至全球的韓流文化，讓韓國人建立文化自信之後，「去漢化」、「去中國化」乃成為必然的需要。

漢城改名首爾的時機，正好就在兩國因為「東北工程」發生嚴重衝突（2003. 6.~2007. 3.），以及不明究理的中國網民猛烈批判南韓把「江陵端午祭」申請世界文化遺產。前者導致雙方關係劍拔弩張，南韓揚言斷交並撤資而讓中國驚懼之際，漢城市當局將計就計地宣布改名首爾，中國方面反而像是吃了一記悶棍，官方完全不敢做任何反應。

中國先點燃「東北工程」衝突的火種，把「高句麗」等同於現代的「延邊朝鮮族自治州」，讓南韓痛批是「歷史的帝國主義」。就在兩國的歷史公案難分難解之際，讓漢城的「去漢化」達陣成功，愚蠢的北京為可說為首爾助勢，並加了一大把勁。

從一四四六年世宗大王創制韓文，乃至二戰後南韓的漢字政策，以迄於二十一世紀初漢城的改名，先是基於溝通的便利，繼而為了驅除文盲的實際需要而獨尊韓文，然後才是民族自尊與文化自信興起之後的「去中國化」。

對中國而言，它不能一再地以「過去是它的，就永遠是它的」來對待周邊國家，這種「歷史優越感」或「歷史帝國主義」完全無視於鄰國的民族自尊，只會讓它與鄰國的摩擦不斷。

對台灣而言，「去漢化」與「去中國化」是兩回事。台灣確實需要「去漢化」（袪除儒家文化中的帝王統治思想），也需要「去中國化」（袪除中國人帶過來的醬缸文化）。基於過去一百年間（1895~2000），我們兩度被外族「去台灣化」，目前正在第三度「去台灣化」，以韓國的經驗觀之，我們需要推動的是「尊台化」或「崇台化」，而不是落入「去中國化」的文字魔障，使得民族自尊與文化自信還沒建立，就被「去中國化」的標籤所抹黑。

「尊台」或「崇台」是要喚醒我們的文化意識，恢復被驅除而真空一百年的台灣自尊，中國人無權也毋須置喙！

（本文係 2011. 10. 2. 於台灣教授協會主辦的「周邊國家的去中國化」座談會所做的報告）

從韓國的「過去清算」到台灣的「轉型正義」

——五二〇給小英總統的建言

二〇〇〇年一月十六日總統大選與國會選舉民進黨大贏之後，人民普遍期待政權輪替的新總統與國會結構的改變，能帶給台灣不同的嶄新面貌。尤其是七十年間被扭曲的歷史，如何透過法制化的「導正過程」，還原歷史的事實真相，同時，也能為獨裁政權時代蹂躪人權事件中的受難者，回復他們的名譽與正義，並釐清「加害者」需負的罪責，如此才能夠透過平反而促成和解與寬恕，進而促進整個社會各族群間的和諧共處。

二〇〇七年二二八事件六十周年的契機，讓二二八事件開始「國際化」。當時由本人負責應邀來台的三個韓國人權團體的負責人：光州「五一八基金會」理事長李洪吉教授、韓國官方「為求真相和解之過去史整理委員會」常任委員金永燁博士、濟州四三研究所所長李圭倍教授等，參加了中樞紀念儀式之後，對台灣如此重視二二八事件都留下了深刻印象。

但是韓國的人權專家學者根本聽不懂甚麼是「轉型正義」，韓國真相和解委員會的常任委員金永燁甚至把它翻譯成「移行期的正義」，讓人啼笑皆非。直到我跟他解釋，那就是等同於韓國使用的術語「過去清算」，他總算恍然大悟。在韓國，只要提起「過去清算」或「歷史導正」，包括小學生在內的任何人都聽得懂。但是台灣不用這種淺白的語彙，反而借用東歐民主化後的法律名詞「轉型正義」

（Transitional Justice），原因實在令人費解。

基本上，我不能接受「轉型正義」的用字。因為一般市井小民根本不知所云。畢竟「清算」二字原本並無負面意義，是中國在一九四九年建國之後，為了迫害與報復地主與黑五類，用清算來包裝，而把清算「汙名化」了。所以「轉型正義」應該先從「還原清算的原意」做起。我們可以改稱「導正歷史」或「歷史平反」。讓一般平民百姓可以朗朗上口，如此才能夠號召民意的支持，做為轉型正義的後盾。

一九八〇年韓國發生的光州大屠殺，就是在全民強大的民意力量支持下，在十六年後的一九九六年就得到清算與平反。韓國清算光州屠殺，是透過「特別法」的立法。在金泳三執政的一九九五年十二月二十一日，韓國國會通過了兩項特別法：「破壞憲政秩序犯罪之公訴時效特別法」、「五一八民主化運動特別法」，這兩項特別法在第二條與第三條，都明文規定「叛亂罪」、「內亂罪」、「集體殺人罪」、「違反人道罪」，沒有「刑法」追訴時效的限制，是永遠可以追訴的。

這兩個特別法為追訴全斗煥與盧泰愚一九七九年的「雙十二政變」（軍人叛亂）、一九八〇年的屠殺光州（內亂殺人罪）揭開了序幕。特別法在國會通過後，兩位犯下叛亂罪與內亂罪、集體屠殺罪的前總統，以及十多名共犯的軍事將領，立即被逮捕收押並起訴審判。一九九六年三月，第一審全斗煥被判處死刑，盧泰愚被判處二十二年半，第二審減刑為無期徒刑與十七年，到一九九六年底三審定讞。

從韓國的經驗來看，台灣要落實轉型正義的唯一方法，就只有訂定法律位階高於「國家安全法」（主要是第九條第二款「舊案不准上訴」）的「促進轉型正義（或是歷史導正）特別法」。在轉型正義的「包裹立法」中，必須明訂「違反人道罪」與「大量屠殺罪」是「永遠可以追訴」的條款。如此，才能夠司法處理二二八事件，正式起訴二二八的屠殺元凶陳儀、蔣介石、彭孟緝、柯遠芬等人。但是因為這些加害者都已作古，所以起訴之後再以「免訴判決」來結案，如此才能夠認定「加害者」的罪責輕重，並釐清他們該負的責任。

而且，特別法中要有最基本人事清查的「除垢」（Lustration）原則。例如：做出大法官釋憲二七二號的大法官（判定「國安法」不准上訴的條款「合憲」），以及美麗島事件的軍事檢察官林輝煌等人，以德國統一後的除垢標準，他們根本都不准再從事司法官的工作。但是在台灣，不但沒有除垢，他們竟然還能官越做越大。

民主化國家的歷史清算，是透過司法程序以及制度性機構的設置，獨立性的常設機構例如：真相和解委員會、國家人權委員會、疑問死追究委員會等。而歷史清算的方式，則包括司法起訴、真相和解委員會的調查、賠償方案等。透過真相調查、追究責任歸屬，判別加害者的責任輕重，以及恢復受害者的名譽與權利。如此才能促進族群間的和解、和諧與互信，透過司法處理過程的法治教育來鞏固與深化民主。

新興民主化國家對歷史清算如果不積極，會使正當性與合法性受到人民的質疑。不積極清算過去，更會使支持者離心離德，而民心漸漸流失。阿扁政府在上任之初聲望最高之際，就應該積極推動轉型正義，但是他卻去拜訪王昇、劉和謙等軍頭，儼然還在競選為了尋求深藍或中間選民的支持，平白坐失良機。直到任期最後一年的二〇〇七年，才開始推動轉型正義第一步的「正名運動」，但為時已晚。反而被譏是「為選票考量」的急就章。這是小英政府應該要記取、並且絕不能重蹈覆轍的教訓。

第三波民主化成功的國家，在落實歷史導正與追究人權蹂躪悲劇的過程中，從來沒有像台灣一樣只有「受害者」而沒有「加害者」；更沒有罪責深重的加害者被「神格化」當神明一樣膜拜。九成的台灣人把這個加害者視為「魔鬼」，但是握有「歷史解釋權」的一成族群，卻將他視為「神明」。這樣的歷史荒謬，台灣絕對是舉世所僅見。

四月十五日，民進黨將「促進轉型正義條例草案」付委，以六十九比〇票表決通過後，國人第一次看到國民黨立委笑著舉牌高喊：「多數暴力！」很搞笑，也很讓人同情。他們在台灣「多數暴力」了七十年，可曾知道台灣人的痛？今天他們卻能「笑著喊痛」！誠為人間極品。

荒謬又錯亂了七十年的台灣，上一代人歷經二二八事件與白色恐怖，可說是「受難的世代」，我們這一代則是「被洗腦的世代」，許多人不僅毫無反省能力，甚至已經被洗到成為「無腦的人」，但是從三一八學運以降到反課綱的高中生，則是「覺醒的世代」。如果歷史導正無法在我們這一代落實，到覺醒的世代發現一切都是謊言的時候，相信他們的歷史清算一定會更加徹底。

轉型正義必須從歷史導正開始，而且這樣的歷史導正必須從二二八事件的司法究責，一直到反課綱微調抗爭的責任追究。七十年的汙垢如果不能一次清除，我們就機會不再，這也就是小英所說的：轉型正義我們只有一次機會。歷史正在考驗台灣人，此時此刻也是台灣人創造歷史的唯一機會。

附錄：「五一八民主化運動等相關特別法」

[法律 第 5029 號，1995.12.21, 制定][施行 1995.12.21]

[法律 第 10182 號，2010.03.24, 部分修訂][施行 2010.03.24]

[法律 第 13722 號，2016.01.06, 部分修訂][施行 2017.07.07]

第二條（公訴時效之停止）針對一九七九年十二月十二日與一九八〇年五月十八日前後所發生符合「憲政秩序破壞犯罪之公訴時效等相關特例法」第二條規定之憲政秩序破壞犯罪行為，自該犯罪行為終止日起至一九九三年二月二十四日止之期間，公訴時效之進行視為停止。

「破壞憲政秩序犯罪之公訴時效等相關特例法」

[法律 第 5028 號，1995.12.21, 制定][施行 1995.12.21]

[法律 第 10181 號，2010.03.24, 修訂][施行 2010.03.24]

第三條（排除公訴時效之適用）對於以下各款之犯罪，不適用「刑事訴訟法」第二四九條至二五三條以及「軍事法院法」第二九一條至第二九五條所規定之公訴時效。

1,第二條之破壞憲政秩序之犯罪。

2,以犯刑法第二五〇條之罪，關於集體殺害罪之防止與處罰之公約所規定等同之集體殺害罪。

原載「兩岸公評網」五月主題論壇：520給小英總統的建言 http://www.kpwan.com/news/viewNewsPost.do?id=1305

輯四：在民主中匍匐的韓國

分裂因素下的南韓民主進程

南北韓從一九四五年終戰後，在強權的扶持下分裂迄今。不僅是南北韓的意識形態對立，南韓內部的左右派、進步與保守派的對立，一直是羈絆南韓民主化發展的重要因素。最具代表性的例子，就是以「反共、反北韓」為名而制定的「國家保安法」，至今仍被大部分韓國人民視為鞏固政權的「惡法」。

「國家保安法」在一九四八年十二月制訂之後，在一九九七年修訂時廢除了「反共法」，但是把反共法內的類似條款，併入了國家保安法。原本只是針對北韓共產集團的成員與支持者，但後來也適用於鼓吹、讚揚與唱和他們活動的人。於是，國家保安法就成為針對組織「反國家團體」（包括北韓「勞動黨」與「在日朝鮮人總聯合會」等）或其成員入罪的法律。

於是歷任政權都曾沿用此法來起訴左派親北韓的「赤鬼」，但因許多案例不是羅織，就是用來打擊政治異議人士，因此國保法被認為對付反對黨的最有利的政治工具。而且，國保法因為羈押期間可以長達五十天，被認為侵犯憲法對基本人權的保障。

二〇一八年七月二十六日南韓最高法院將一名違反國保法的媒體人，判處一年半、緩刑三年定讞。這是最新的案例。被告是《民族21》的編輯長安英敏，他在二〇〇七年因為跟在日本的北韓特工用 email 通信，討論「對南韓的宣傳事業」，而以違反國保法「會見通信與讚揚鼓舞」的罪嫌，在二〇一二年被起訴。

此外，被告還在各種演講時與北韓政權唱和，宣稱南韓政權（當時是李明博的保守政府）是「反民族」、「反統一」、「反民主」的政權，「南韓是美國的殖民地」等，製作散佈「利敵文宣」。在二審時，他的通敵罪被判刑一年半，但「反國家」的存在與安全，無法判定有積極攻擊而威脅自由民主的基本秩序，而判處無罪，但最高法院以緩刑定讞。

一九九八年長年在反對陣營立場自由進步、並曾多次受到國家保安法迫害的金大中出任總統，因大多數民眾仍視本法為防衛北韓有效的法律，金大中任內並未廢除國家保安法，只是減少適用；到盧武鉉執政時，雖仍有依違反國家保安法被起訴的案件，但大多以「緩刑」宣判。

但李明博與朴槿惠兩任保守派執政時，就採取完全不同的立場，尤其放任「新右翼」（New Right）的囂張行徑與言論，對自由進步派人士任意扣上紅帽子，導致社會的左右對立態勢加劇。以朴槿惠為例，她擔任總統第一年（二〇一三年）就以國家保安法逮捕民眾高達一百一十九人，而且被宣判有期徒刑的人數也大幅增加。

南韓跟台灣在一九八七年因為「六月抗爭」與「解除戒嚴」，而同步邁進民主化的新時代。但是，兩國真正享有自由、民主、言論自由、人權保障，台灣是一九九六年李登輝總統執政以後，南韓則是一九九八年金大中與盧武鉉執政的十年間。南韓也因為自由奔放百無禁忌的社會風氣，才能夠孕育韓流文化的盛行。

儘管如此，南韓因為受制於國家分裂的狀態，導致內部的左右對立、地域仇恨等，在民主化以後仍舊難以化解。

一九八七年全民「六月抗爭」之後揭開的民主化序幕，使得民意要求轉型正義、平反獨裁政權時期不公不義事件的聲浪越來越高。一九八八年國會成立特別委員會，調查全斗煥家族的非法斂財，以及一九八〇年屠殺光州的真相，全斗煥被迫捐出非法斂得的財產一百三十九億韓元，向人民公開道歉之後，躲到深山林內的廟裡閉門思過。

由於全民、各領域、各階層都在全斗煥獨裁統治時期受害，因此，對全斗煥的清算，是不分地域與左右派閥，是全民的共識與憤怒之下，透過社會運動來落實的。

一九九四年各種社運團體相繼要求追究光州事件的元凶，恢復受難者的名譽，聲望下跌的金泳三總統，被迫發起「歷史導正運動」（Historical Rectification），順應民意的要求開始清算過去。

直到一九九五年十二月下旬，南韓國會制定了兩項沒有追溯時限的特別法：「五一八民主化運動特別法」、「破壞憲政秩序犯罪之公訴時效特別法」。這兩個特別法制定後，先是前總統盧泰愚以貪瀆罪被逮捕，兩天之後全斗煥也被收押起訴。全斗煥被指控了九項罪名：叛亂罪、內亂罪、違反人道罪、大量屠殺罪、內亂目的殺人罪等，盧泰愚則以共犯被以八項罪名起訴。一九九六年三月三審定讞，全斗煥從死刑減為無期徒刑，盧泰愚從二十二年半減為十七年。轉型正義初步得到了落實。

直到此時，南韓人民大致相當團結，全都支持司法對全斗煥軍事政變與反民主、反人權罪行的制裁。不過，一九九七年十二月當選總統的金大中，不僅是南韓首次的政黨輪替，也是百濟人一千多年來的出頭天，意義至為重大。

金大中上任時，南韓遭逢亞洲金融風暴的肆虐，國家與人民的資產折損了一半，為了救經濟金大中必須尋求韓國的「藍綠和解」，於是上任後立即特赦兩名前總統，希望自由進步派與保守派能夠攜手共赴韓戰之後最大的「國難」。金大中雖然在三年間就清償了國際貨幣基金（IMF）五百八十四億美元的紓困貸款，並以完全的民主化與文化立國政策，帶動了韓流文化的興起，但是也因為百濟人（全羅南北道，又稱湖南）的當家，讓原本的既得利益勢力的新羅（慶尚南北道，又稱嶺南），既妒又恨，雙方的地域仇恨又隱隱發作。

南韓真正的民主化是要從金大中執政算起，由於金大中本人就是朴正熙與全斗煥軍事獨裁政權的政治受難者，他執政後轉型正義已經初步落實，於是他透過制定特別法，設立各種直屬總統的機構，例如：國家人權委員會、真相和解委員會、疑問死真相追究委員會、民主化運動審議委員會等，透過這些機制來保障人權並深化民主；並且從一九九八年開始停止死刑的執行，至今已被國際認定形同廢除死刑的國家。

做為金大中接班人的盧武鉉總統，在二〇〇三年上任後，更是揭開了南韓最自由、最民主、最多元奔放的新時代。但是因為他只有高商畢業的學歷，在韓國主流菁英社會被視為「賤民」，而遭到保守陣營、既得利益勢力的大財閥，乃至於保守媒體的聯合抵制，地域與派閥對立的態勢更為嚴重。下台之後，他以跳懸崖自殺來明志，成為死後更受尊崇的悲劇英雄。

盧武鉉執政的後半期，大財閥紛紛到日本借貸零利率的資金，回國大炒地皮，使得首爾江南地區的房地產在三年間暴漲了二百六十三%，做為產業火車頭的房地產價格暴漲，自然也造成所有物價的大幅上漲，盧武鉉的經濟失政，讓打著CEO救經濟口號的李明博能夠乘勢而起，但是也因而讓保守政權復辟成功。

李明博上任後，極右派勢力跟著崛起，這些被稱為「New Right」的保守派，開始將過去十年金大中、盧武鉉時代標籤為左派政權，對自由進步陣營大肆打擊，當年被派到濟州島屠殺無辜的殘暴「西北青年團」誓師復活，儼然要遂行政治清算與報復。即使已經民主化成功的韓國，在保守政權復辟後發生了諸多「反人權」與「民主倒退」事件。

商人治國的2MB（李明博英文名字的縮寫，被韓國人嘲諷為腦袋容量很小），在New Right勢力主導下，重啟以違反「國家保安法」起訴反政府的在野人士，激化南韓社會的左右對立，被認為是極端「反民主」的作為。例如，二〇〇八年四月至六月發生的反對美國狂牛病牛肉進口的燭光示威，遭警方暴力鎮壓，首爾大學法律教授出身的安京煥主持的「國家人權委員會」發布聲明譴責過度濫用公權力鎮壓示威，於是遭到行政部門的報復，國家人權委員會的獨立性與監督政府的功能遭到嚴重的蹂躪。韓國於是從聯合國ＩＣＣ（International Coordinating Committee for National Human Rights Institutes，國家人權機構國際協調委員會）的副主席，淪落為人權「待觀察」的國家，也就是從模範生變成留級生。

國家人權委員會成立十六年，二〇〇一至二〇〇七年的金大中與盧武鉉兩任自由進步政權時期，算是最順利推展人權保障工作的全盛期，但是二〇〇八年至二〇一六年李明博與朴槿惠兩任保守政權復辟之後，就是「大災難」的開始。隨著政權的交替，國家人權委員會的獨立性立即面臨危機。二〇〇九年提前辭職的安京煥委員長立即向憲法裁判所對總統提告。後來雖以敗訴收場，但李明博政權對人權機構的打壓，已使韓國的人權水準在國際社會的評價失墜。

二〇一二年李明博為了保護自己卸任後，不致於因貪瀆弊案遭到朴槿惠政府的司法追殺，指使國家情報院動員五毛族網友介入總統大選，積極為朴槿惠輔選，並極力醜化當時反對陣營的文在寅，國家情報院煽動輿論干政事件於二〇一三年初遭揭發後，引起南韓社會譁然，院長元世勳因而被起訴現正在坐牢中。

二〇一三年上任的朴槿惠是繼菲律賓艾奎諾夫人之後，東亞第二位當選總統的女性。但是她的當選，除了國家情報院操弄選情奏效之外，其他的因素是五、六十歲以上受惠於朴正熙經濟發展成果的老世代，以超高的投票率，把他們對朴正熙的鄉愁移情轉嫁給朴槿惠，並不是因為朴槿惠個人的「領袖魅力」（charisma）得到選民的肯定。另一方面，則是因為年輕世代選民對政治的冷感，逃避選舉的低投票率，才讓朴槿惠能夠勝出。

事實上，在二〇一三年國家情報院被揭發介入總統大選時，不僅違反了「選罷法」，也違反了「國家情報院法」，因而落選受害的文在寅陣營，確實可以提出「當選無效」之訴，因為國家最高情報機關的作法，已經涉嫌「意圖使人不當選」的起訴條件了。文在寅陣營未繼續追究，實在令人費解。

但是，執政才一年的朴槿惠政府，因為二〇一四年「世越號船難」造成304條人命的受難，開始讓人民質疑她的領導能力。因為這場重大的人權悲劇，是導因於官僚體系全面失能所造成的「人禍」，從中央到地方的不作為與無作為，讓那些年輕生命平白犧牲了。對船難的冷血，也預告了朴槿惠的執政黨在二〇一四年地方與二〇一六年國會選舉的慘敗，儘管如此，朴槿惠政權並不在乎，繼續在「新右翼」的主導下，對反對陣營扣上「赤鬼」的紅帽子。

二〇一四年十二月十九日「憲法裁判所」（即憲法法庭）經法官表決後宣佈，以違反國家保安法解散左派小黨「統合進步黨」，並沒收所有財產、禁止再度成立替代相同性質之政黨，該黨五位國會議員立即喪失資格，這是韓國史上首次有政黨被憲法法庭判決強制解散。憲法裁判所發出聲明稱：「統進黨真正目的與活動，是要以暴力來一次達到實踐『進步民主』，最終達到朝鮮（北韓）式社會主義的地步，實際上已明確招來危害基本民主秩序的危險性。」

憲法裁判所做出解散統進黨之前，是因為該黨一名國會議員李石基在二〇一三年中，被舉發秘密集會，發表支持朝鮮（北韓）政權的言論、唱誦朝鮮革命歌曲，並研擬破壞國家基礎設施，被韓國檢方以違反《國家保安法》起訴，韓國法務部因此向憲法裁判所提交解散統合進步黨的要求案。李石基因「內亂陰謀」事件後來被被判處九年徒刑。

在憲法裁判所以八比一通過解散統進黨後，該黨主席李正姬公開批判說：「言論自由、集會自由被全盤否定的暗黑時代再度被開啟，朴槿惠政權讓韓國朝獨裁國家之境後退。」

至此，我們應稍微檢視一下韓國的「國家保安法」的一些相關條文。

第一章第十條（知情不報）：明知有觸犯第三條、第四條、第五條第一項、第三項（只限第一項的未遂犯）、第四項之罪（反國家活動）者，卻未向調查機關或情報機關舉報者，處五年以下之有期徒刑，或二百萬韓元以下之罰金，但若與主犯有親戚關係者，其刑得以減輕或免除。

第一章第十二條（誣告、捏造）：一、意圖使人遭刑事判刑為目的，而誣告或捏造、湮滅、隱匿證據者，依各條款所訂之刑量處罰。二、從事犯罪調查與情報工作的公務員，或輔助者及指揮者，若濫用職權時，犯第一項的行為者，與第一項的刑量相同。但若法定刑量最低不及兩年，以兩年處理。

第四章第二十一條（獎金）最高二十億韓元，二〇一六年十二月為準。一、向調查機關或情報機關通報或逮捕觸犯此法者的人，依總統所定的規定支給獎金。二、知曉與逮捕觸犯此法者的調查機關或情報機關，等同第一項。三、逮捕觸犯此法者時，若因反抗或交戰而不得以遭殺害或自殺時，得與第一項相同支給獎金。

由此法的相關條文看來，隱匿、知情不報、為得獎金等理由，都可以讓人入罪。這也就是南韓以「國家分裂」為由，牽制人民的言行，而使此法被視為打擊反對黨或異議人士的惡法的原因。

朴槿惠「反人權」與「反民主」造成的民怨，在二〇一六年四月十三日舉行的國會議員選舉，跌破大家的眼鏡，執政的「新世界黨」議席未過半。南韓國會繼一九八八年（125:174）之後，再次出現「朝小野大」（122:178）的結構，南韓選民用選票制裁獨裁又傲慢的朴槿惠政府！算是對她的不信任投票，也為清算朴槿惠的劣行劣跡揭開了序幕。

但是，二〇一六年四月發生中國寧波北韓餐廳十二名女性員工被經理帶領集體叛逃南韓的事件，這個事件到兩年後仍餘波盪漾，一般相信，她們是在南韓國家情報院的策動之下，為了在國會選舉之前，為執政黨製造有利的宣傳效益，達到勝選的目的，但是民主化之後成熟的選民，已經不再會受這種炒作的「北風」（打北韓牌）所欺騙，執政的大國家黨仍舊遭到慘敗。

接著，因為崔順實闔密干政事件爆發，二〇一六年十月至二〇一七年三月的「燭光革命」將倒行逆施的朴槿惠政權推翻，先是國會通過彈劾，憲法裁判所進一步全員一致通過「罷免」，二〇一七年三月三十一日朴槿惠被收押審判。至此，我們可以這樣看待朴槿惠：她是一個獨裁遺緒的復辟（2013～2017），一個封建時代的獨裁卻統治民主化已三十年、充分受到民主文化薰陶的民主公民，當年獨裁歷史創造了她，但是今天人民創造了歷史，請她滾蛋！

南韓人經常以分裂國家的「特殊性」，來合理化「不合理」與不符合民主國家的常態思維。儘管如此，「國家保安法」的存在，不應該成為影響或阻礙南韓民主化進程的藉口，畢竟誰都不能否認，「國家保安法」都是獨裁或保守政權用來對付本國異議人士的政治工具，一九七〇與一九八〇年代的獨裁政權時代固不用說，但是進入二十一世紀、尤其又是自由進步陣營執政的今天，「國家保安法」沒有理由繼續存在，繼續用來打擊政治異議人士。

尤其是兩韓從二〇一八年二月以來的和解，三度高峰會的舉行，都將為兩韓關係締造新的局面。文在寅總統也因為兩韓和解，而使支持率高居不下。南北韓未來簽署「和平協定」來替代「停戰協定」，也是指日可待；雙方進一步達成協議，重開「開城工業區」與金剛山的旅遊，乃至進一步的經濟交流與投資基礎建設，都是可以期待的。在南韓已經全面民主化，又與北韓和解的態勢下，「國家保安法」的修訂或廢除，是文在寅政府必須面對的問題。

韓國迄今並不如台灣，人民可以享有百分之百的言論自由、表達自由，韓國人民因言賈禍或遭文字獄，仍層出不窮。再加上韓國人的「集團性」的民族性，以及「一元化」的社會思維（很容易啟動「集體制裁」的力量），確實很難改變落伍的觀念。更遑論南韓社會的左右對立、地域仇恨根深柢固，至少還需要兩個世代以上才有化解的可能。韓國人所謂的「南南葛藤」（湖南與嶺南的糾葛），確實是分裂因素之外，另一個阻礙民主進程的重要因素。

儘管南韓經常以強烈的民族主義對外團結一致，但是對內卻是常因歷史因素（諸如：三國時代與黨爭造成的對立）而紛擾內鬥不斷。悲劇的宿命與不斷循環，形成了這個國族「恨」的情愫。「恨」果真能夠隨著民主化而化解左右對立與地域情結嗎？恐怕韓國人自己都無法回答。儘管如此，未來文在寅政府如何修訂或適用「國家保安法」，仍待密切觀察。因為此法必然是南北和解的最大障礙之一。

相較於南北韓已經在邁向和解之路前進，但是兩岸之間的情況卻迥然不同，北京現在仍極端敵視台灣，並且透過各種不同的卑鄙手段，在製造假新聞意圖製造台灣內部的混亂。

已經民主化三十年的台灣，雖然不能走民主化的倒退路，為了防堵假新聞而制訂「國家保安法」，但是在面對強大敵國，以及它所豢養的同路人、第五縱隊、附隨團體，不斷在鼓舞、讚揚、唱和，甚至製造惡意的謠言、假新聞，來混淆視聽、動搖台灣社會的安定，台灣應該制訂「言論自由保障法」，藉由此法來界定與釐清何種言論自由是必須受到保障，何種言論是不容享有自由的。

畢竟，台灣與中國社會本質的不同，台灣社會的自由民主與開放，不能成為北京肆無忌憚進行滲透與統戰的場域。台灣的新聞自由已經被濫用，媒體享盡無限的自由，卻完全不負起社會責任，這種變質與惡質的現象，只有靠法律制裁才能夠奏效。

（本文為2018.9.16.發表於「台灣新世紀討論會」聯合國國際民主日與東亞民主發展之報告）

台、韓都需要「大和解」

南韓總統盧武鉉大概可算是民主國家有史以來第一位遭到「留校察看」、然後又「敗部復活」的總統。

三月十二日，他被「朝小野大」的國會通過彈劾案，被迫停止了總統職權。一個月後，在國會議員選舉時，人民用選票還給了他公道；盧武鉉本人則把這次選舉，視為選民對他「再信任」的一次公民投票。五月十四日，憲法法庭迫於民意壓力，果如眾所預料，駁回了國會的彈劾案，讓盧武鉉「復行視事」。一場羞辱總統的鬧劇，於焉落幕。盧武鉉被「除罪」之後，賦予他嶄新且強力的民意授權，讓他未來的執政不會再像第一年一樣被綁手綁腳。

南韓由在野既得利益勢力主導的前國會，演出這場荒謬戲碼，讓全世界看盡了一場大笑話；盧武鉉的遭遇則讓台灣的阿扁總統感同身受，也感慨無限。

進步改革的盧武鉉總統與保守反動的國會之間的鬥爭態勢，會在三月間僵持到通過彈劾案，充分展現了朝鮮民族兩極化的對立性格。盧武鉉仗恃著近七成國民的支持（反對彈劾總統），堅決拒絕向國會道歉與低頭，逼使國會以三項牽強的理由通過彈劾他。

盧武鉉有恃無恐的憑藉，是認為一個月後就要國會改選了，不如在選前把朝野衝突與對立的態勢升高，激起選民更強烈的反感，說不定更有利於倉促成軍的執政黨「開放我們黨」。他把彈劾事件當成戰利品，這是將計就計的策略運用；同時，韓國政治人物的賭徒性格也由此展露無遺。

果不其然，四月十五日國會改選結果，「開放我們黨」由原本只有四十六席暴增為一百五十二席，掌握國會過半數的優勢，兩個反對黨則潰不成軍，朝小野大的局面從此成為絕響。這樣的選舉結果，讓蟄伏在青瓦台的盧武鉉暗自竊喜。顯然他比在野黨領導人，更清楚與更敏銳地掌握了民心向背與社會脈動。

南韓政黨的分分合合與重新排列組合之迅速，也展現了一向以來「政治利益掛帥」與「人物屬性」的特質，也就是隨著政治資源的優勢與政治利益的分配，而「人在黨在，人亡黨亡」。選前才臨陣倒戈加入執政黨的國會議員或候選人，就是看準盧武鉉未來四年的執政優勢而願加以投資。

而「彈劾政局」導致國家與社會的動盪不安，盧武鉉當然不是沒有責任。他一貫輕率與「後現代式」的言行舉止，以及新手上路的不穩定性，加上行政經驗不足卻又蠻幹的作風，都是導致他「顧人怨」的原因。

在野的「大國黨」與「新千年民主黨」不僅是反改革的既得利益勢力，也是南韓傳統派閥社會的菁英階層，他們極其鄙視出身微寒的盧武鉉。但是他們最大的致命傷，是他們無法看清南韓的社會脈動趨勢，已經是由年輕的網路世代在主導，他們根本不知道如何與這些已成為政治核心的「新人類」溝通，甚至因而被譏為「已失去做為網路時代政黨的資格」。

一位「太前進」的總統與一個「太落伍」的國會，當然是格格不入的。盧武鉉的語言與風格，對年輕人有著無比舒暢的宣洩效果；但是，在野勢力所主導的國會，卻只會反其道而行，一向「為反對而反對」的負面政治，看在年輕網路人眼裡，當然是按耐不住的憤怒。「顢頇的政治老人下台」，於是成為四月國會大選時，挑戰在野黨候選人的競選主軸。連叱咤風雲四十年的「三金」中的最後一金——金鍾泌，都不得不在政黨泡沫化之後正式宣告退出政壇。

南韓政治的鬥爭，從二〇〇二年十二月盧武鉉當選以前，就沒有間斷過。那一場選戰打的戰線是，「改革 vs. 保守」、「年輕 vs. 老年」、「民主 vs. 反民主」，一直到盧武鉉上任後，在野既得利益勢力對他的抗拒鬥爭未曾一日稍有鬆手。南韓兩個主要反對黨在國會中反改革、阻礙改革法案的通過，與台灣立法院內的國親兩黨毫無二致。

而南韓政壇朝野的鬥爭，有更大的成分是世代間的對立與鬥爭。韓國歷史上，年輕人屢屢向老人挑戰與奪權，今天的老少鬥爭態勢，幾乎就是三百年前朝鮮王朝後期的黨爭中，「老論派」與「少論派」鬥爭的翻版。歷史宿命與悲劇反覆在這個半島國家循環，以史鑑今現代韓國人似乎都沒有從歷史學到教訓。

南韓的政治觀察家在憲法法庭駁回國會對總統的彈劾案之後，大聲疾呼朝野之間必須「大和解」與「大妥協」，國家發展才有希望。

在野黨既已成為國會的少數，就應該「識時務」，坦然面對與支持盧武鉉的改革路線，並且要能夠正確掌握社會趨勢與脈動，以及年輕網路族群的價值觀；同時，必須揚棄一貫「決死的零和戰鬥姿態」，展現和解的大氣度，才能阻止國家、族群與世代的繼續兩極分裂。他們也規勸盧武鉉總統，要自我反省與療癒「自卑與自大」糾結的情結，以及民粹式的治國風格。朝野雙方唯有揚棄情緒性的主張，以及植基於理性的溝通與妥協，才可能有健康與正常的政局。

台、韓這兩個亞洲「儒家文化圈」民主化成功的國家，民主之路一路走來跌跌撞撞，兄弟的遭遇竟是如此相似，實在是巧合，也可能是歷史的必然。

南韓國會通過彈劾總統形同一場「國會政變」，盧武鉉靠人民公投的直接民意而翻身；阿扁在選後則遭到在野勢力「街頭政變」的抵制，而且對抗態勢將持續到年底的國會改選，執政黨能否席次過半，則像是阿扁平反命運之所繫。

有趣的是，南韓彈劾總統的「反動國會」，已經遭到選民的唾棄，台灣在野黨佔優勢的國會，卻未認清時勢，上週還曾企圖在修憲案夾帶「彈劾總統停職條款」，想要以修憲案綁架國會改革，或以彈劾權來癱瘓總統職權。種種的反動舉措，實在讓人對台灣國會未能記取南韓眼前的教訓，既無國際觀又無自省能力的草莽性格，感到悲哀。

此外，根據筆者所知，過去兩個月，台、韓兩國雖然各自政局動盪，但仍維持了相當不錯的互動。在盧武鉉遭停權蟄居期間，陳水扁總統曾透過不同的管道，向盧武鉉表達了即時的溫情關切，讓盧武鉉頗為窩心，盧也相對給予適切的回應，同病相憐的兩人並互相嘉勉與期許；兩位出身貧寒的人權律師總統，由各自的挫折遭遇，越見患難中的真情，也算得上都「失中有得」吧。

南韓網路族群用選票造就新世代總統

二〇〇二年十二月十九日晚間，盧武鉉在反覆拉鋸的開票過程中以些微的票差險勝，當選南韓下一任總統，韓國人在驚呼聲中接受了這個奇蹟般的事實。特別是鄭夢準陣前倒戈棄他而去之後，在一片大勢已去的嘆息聲中，盧武鉉的勝出，幾乎是化腐朽為神奇，簡直令人不敢置信。

盧武鉉的當選具有里程碑的意義，不僅落實了世代交替、結束「三金」的老人政治時代，也將帶動南韓政壇版圖的重整，李會昌與鄭夢準所領導的在野黨的分裂與重組，已經在預料之中，新生代的政治人物將替而代之，所牽動的影響之大，目前還無法評估。

不過，盧武鉉最後能夠當選，代表了以下的幾個意義：一、網路族年輕選民的狂熱支持，展現對選情的主導力量；二、南韓社會求新求變的積極能動性以及對進步與改革的高度期待；三、南韓人民「反美民族主義」的銳不可擋。

南韓選民給了「激進改革派」的盧武鉉機會，唾棄了「保守親美派」的李會昌，也證明了民主政治的發展是不可能走回頭路或開倒車的。他們經過一次政權輪替，由金大中這位民主改革派主政五年之後，就不可能再走回保守僵硬的路線，因為這是與求新求變、生生不息的社會脈動相抵觸的。民主政治能夠不斷進步，正就是那個社會充滿活力的具體表現。南韓這次經驗，台灣足可引為借鏡。

回顧金大中執政五年的政績，首推文化發展（除了提升文化素質，並有能力大量出口大眾文化產品）

以及意識改革（讓人民從「強控制」體制與威權思想解放）的成功。其次，是動員國家力量與政策，全力發展電腦與網路產業，使網路族群成為社會脈動的主導力量。第三，是婦女地位的提升，徹底顛覆原本「男尊女卑」的社會地位與傳統價值，女性參政與婦幼衛生得到完善的保障與照顧。最後，也是最重要的，就是「救經濟」的成績亮麗，得到國內外的肯定，並提昇與重建了人民的經濟自信。

雖然他在任期最後一年的跛腳鴨總統時期，仍發生兒子貪瀆入獄事件，但比起前幾任總統，金大中政府的清廉度與政商關係，要算是比較正常的。最諷刺的是，他是在一九九八年初背負金融危機的「國難」上任，要他這位奉獻一生的民主鬥士來收拾與清除五十年獨裁政權所留下的政治垃圾，歷史對他的作弄實在莫此為甚。

不過，金大中卻能以百濟人「風前細柳」的柔軟與善變性格，來迎戰困頓險阻，從一上台就揭示他的「DJnomics」（大中經濟學），矢志要以民主政治與市場經濟來矯正過去威權政治時代的「官治金融」、「政商勾結」、「貪瀆腐敗」等，呼籲全民揚棄過去的思考模式與積習，建立「大家一起求變才能存活」的共識。五年間，金大中領導的「國民的政府」，終於透過結構調整與改革，完成了「第二建國」的使命，讓南韓邁向光明的未來。

金大中與陳水扁一樣，都是得票率只有四成的少數政府，同樣都受到反對黨以多數暴力杯葛施政，金大中上台後的首要任務就是要把經濟從谷底救回來，比起阿扁「拼經濟」的任務更為沈重。金大中比阿扁佔優勢的是，他的政治經綸與歷練更長，在講求輩份的東方社會，金大中還有著家父長制的權威。因此，儘管在野黨與主流媒體都跟他唱反調，但還是不敢逾越「拂逆長者」的傳統，讓他整頓經濟的決策能夠貫徹。

而盧武鉉以金大中的接班人自居，聲稱「釜山男子漢」絕不會背離金大中。未來金盧的互動，形同台灣的「李扁關係」，金大中以盧武鉉父執輩的地位，繼續在幕後獻策，是可以想見的。三金中的另兩金已經褪色，唯獨金大中對新政府還具政治影響力。

盧武鉉經濟政策的基調，是同時追求「成長」與「分配」，計畫每年達到百分之七的成長，並透過分配達到成長。

他最讓財閥企業緊張的，就是一貫「反財閥」的立場鮮明。他擔任國會議員時，曾主張將「財閥解體」，由政府買下財閥企業的股票分給勞工。預料他將持續金大中的政策，禁止大財閥經營與本業不相關的事業領域，促進財閥集團的改革，建立更具效率與透明的管理及財務制度，逐步削弱財閥獨佔與壟斷經濟。

今年初他也曾放話，要把主流大報「朝中東」（朝鮮、中央、東亞）收歸國營，引起這些報紙的強烈反彈，對他展開猛烈撻伐，後來他只好改口說那是「酒後失言」，但是與主流媒體已經結下樑子。不過，他並不在乎，因為他的支持者都是網路族，依賴更大的是網路電子新聞，根本不看這些報紙。

他非常痛恨這些既得利益又「鴨霸」到無人可以制衡的報紙，年前他與朝鮮日報打過官司，對這個保守反動的第一大報，誓言對抗到底，而且堅決不妥協，至今仍拒絕接受該報的訪問，擺明抵制到底的態度。

十八日深夜，當鄭夢準宣布撤銷對盧武鉉的支持之後，網路族到第二天上午六點投票時，一共有三百萬人次上網傳播與互動這個訊息，並且疾呼盧的支持者不要動搖，這個無可撼動的支持力量，正就是最後勝出的武器。

由於深切體認網路對他的重要性，對於資訊科技產業的發展，盧武鉉政府將投資五千億韓元（約四億美元）以上，推動「IT Top 1000 Project」，設置「ＩＴ媒體園區」與「國際技術合作中心」。在ＩＴ產業領域，也將創設「東北亞標準合作體」，專利審查的期間也將短縮到先進國家的水準。

這次大選對南韓而言，是一次世代之間的大戰，年輕人獲得全面勝利，老人被迫交棒退出，一個戰後世代主導的政治新局正式登場。年輕人的支持是盧武鉉未來施政的最大本錢，而求新求變、不畏嘗試錯誤，正是網路族的最大特色。

盧武鉉從五月間在全韓掀起「盧風」到十二月當選，他給南韓年輕選民的認知，與對傳統政治貪瀆腐敗的印象截然不同，盧武鉉這個名字代表的就是「新鮮的希望」。如果說「大中經濟學」成功的要素就是「大家一起求變才能存活」，藉此為南韓建立了隨時變化的動因與環境，那麼盧武鉉這位金大中的接班人、善於體察時勢的「網路民粹運動家」，將會以網路的優勢，帶動一個更快速變化與進步的南韓，繼續威脅著亞洲周邊國家，台灣能不急起直追，還繼續惡鬥內耗？

台灣的朝野這次看南韓大選，心情非常錯綜複雜。其實，與其巴望誰當選，並計較過去的人脈關係還有多少剩餘價值，可為未來加強關係所用，倒不如更務實地去找出可與南韓新領導人交往的「共通的語言」與「價值觀」，並藉此鞏固雙邊關係，還更具實效與意義。

當自由民主、人權、新聞自由、政權輪替等，都已經成為台灣與南韓共同的價值標準時，我們可以攜手合作的領域很多，絕不僅侷限於現實的外交議題而已；我們也不應繼續忽視南韓，只會從表象來類比南韓。台灣人應該謙虛地從這次南韓大選學到教訓，進而成為我們社會變化、改革與進步的動力。

台灣人也必須承認，在人民的意識改革與社會文化的變遷上，我們比南韓的步調慢太多。大部分台灣人都不想改變，只希望維持現狀。如果我們只願安於現狀，就不要嫉妒韓國已經在國家實力的競賽中，把台灣遠遠地拋在腦後了。

（原載於今週刊 314 期）

南韓的網路世代革命

二〇〇二年十二月十九日南韓總統大選當晚，我在漢城市中心光化門的 Koreana Hotel 房間裡，一邊趕寫報社的稿子，一邊聽著電視的開票結果，一邊還要應付不時從台北電視台打來的電話要跟我連線訪談，忙得不可開交之際，窗外間歇傳來歡呼聲、驚嘆聲、尖叫聲、鑼鼓雷動聲，像是為緊張的氛圍在助勢，也像是六月世足賽時的運動場一樣，好不熱鬧。

我知道，當時有一大群盧武鉉的支持者在旅館旁的光化門大廈前聚集，他們緊盯著室外大型電視幕，心情隨著反覆拉鋸的票差而起伏，所有韓國人當時都緊張到像是在洗三溫暖一樣。如果把這場選戰當做運動競技，那真是一場勢均力敵、精彩萬分的賽局。韓國人認為實力相當的比賽才有看頭，盧武鉉最後以領先二・三%、五十七萬票的些微差距險勝，把這場選舉拼鬥成緊張刺激的競賽，啊，真是好看極了！

十點四十分左右，看完盧武鉉發表當選謝詞之後，我走到光化門大樓（即我國駐韓代表部所在的大樓）前的廣場，一千多名盧武鉉的支持者載歌載舞地慶祝他們的勝利，許多女性選民已經激動得淚流滿面或相擁而泣。原本奉命戒備的十幾輛鎮暴車，在警察收拾裝備上車後也打道回府；沒有發生暴亂事端，大家心中的石頭總算落定。

五年前我沒有趕上金大中當選的那次大選，有些遺憾。這次為了去觀察選戰，事前我做了不少功課，從英、日、韓文的刊物與網路上蒐集了不少資訊，深入解讀與分析，所以選前我就看好盧武鉉較具勝算。不過人沒到現場實地觀察，還是有些不確定感。

十七日晚抵達漢城之後，我馬上跟日本媒體的駐韓記者、韓國報社的朋友，以及政府官員等聯絡，得到的資訊都顯示，盧武鉉在所有的民調中以四到八個百分點領先李會昌，如果沒有意外的話，應該是會篤定當選。

十八日晚上九點多，與台北通過電話之後，我很放心地陪內人去東大門成衣市場的「斗塔」shopping。我們各自很滿意地買到自己喜歡的東西，半夜三點才回到旅館，等著第二天下午投完票後才要開始工作。

第二天也就是十九日，我應哲學大師金容沃教授之邀，到他執筆專欄的「文化日報」去參觀並與該報高層幹部會晤時，才知道前晚發生鄭夢準陣前倒戈、棄盧武鉉而去的事件，整個報社陷入一片悲愴的氣氛中。盧武鉉經此一重擊，應該大勢已去。沒想到他竟然能夠「活回來」，盧的支持者連連驚呼這是「奇蹟」！

後來，一位韓國忠北大學教授告訴我，從前晚十點鄭夢準宣布撤回對盧武鉉的支持（一般認為他是受到美國的強大壓力），到第二天上午六時開始投票的八個小時之間，南韓的網路族一共有三百萬人次在網上對話，傳遞鄭夢準倒戈的消息，他們並大聲疾呼不要放棄對盧武鉉的支持。

儘管如此，鄭夢準的倒戈還是影響了一些選民，讓一成的選民放棄投票，所以投票率比五年前低了十%，在這樣的不利情勢下，盧武鉉還能夠勝出，真的是奇蹟，可以說是那些「死忠」的支持者，特別是網路族，造就了盧武鉉。

這次南韓大選，再度充分展現南韓社會的「兩極化」現象。「地域仇恨」依然主導選情，讓兩陣營壁壘分明：李會昌席捲東半邊地區（新羅）的選票，盧武鉉則在西半部（百濟）稱雄。開票當晚，幾家電視台都用藍、綠兩色來區分，剛好把朝鮮半島的南半部切割成藍綠東西各半的兩塊，彷佛是台灣「泛藍」與「泛綠」的對決。

除此之外，這場選戰還是一場世代之間的戰爭，戰後的年輕世代逼退了戰前的老世代，也是「改革」與「保守」、「反美」與「親美」、「親共」與「反共」、「民族主義」與「自由民主」等勢力的較勁。

台灣人常喜歡以南韓的例子來類比，這次選舉也不例外。不過，由於國情不同、民族性不同、價值觀不同、社會與歷史背景不同、國家利益更不一致，我們應該避免只拿表象就做錯誤的類比。尤其，若把盧武鉉類比為阿扁，他們除了同為執政黨、同屬改革派、同為戰後世代、同為人權律師，並同樣出身貧農家庭之外，在其他方面，包括政治立場、統獨意識型態等，兩人幾乎是南轅北轍，硬要類比，恐怕會不倫不類。

若說兩國可有互相學習與借鏡之處，就是這次南韓踵步台灣實現了政壇的「世代交替」（台灣在兩千年大選時便已落實）；南韓的網路族更是展現了「造王者」（King Maker）的威力，把「三金老人政治」一時代送進歷史，他們汰舊換新的速率顯然比台灣更快。所以說，把這次南韓大選定位為「網路世代的革命」，並不為過。南韓的年輕人，不安於現狀，極力求新求變，這樣的精神，是這次漢城之行最讓我感動的地方，也是值得台灣年輕世代省思的課題。

輯五：愛清算總統的韓國

全斗煥做過哪些好事？

全斗煥死了，韓國人幾乎舉國歡慶，但是對他一直到死對光州大屠殺都沒有一句道歉，則舉國痛罵。年輕世代甚至在網路平台說，應該對這個殺人魔「剖棺斬屍」或「割頸斷頭」，顯示受過民主薰陶的年輕世代對這個「歷史罪人」都是負面的評價。連媒體也是對他全面負評，對他說過的話，在螢幕上打個大大的問號，或是加上一句句的嘲諷或反問。

至於韓國政府決定文在寅總統不去弔唁、不送花籃、不給予國葬的禮遇等，媒體上已經報導了很多，就不再贅述了。

我是一九八一年到韓國留學，後來擔任媒體駐韓特派員到一九八八年返國，在韓國的全程就是全斗煥這個政變掌權（軍人叛亂）與「屠殺光州」（內亂殺人）的獨裁政權時期。我自然也是他統治下的受害者，我家的電話被竊聽、我被情報幹員跟監，甚至被列入驅逐出境的黑名單，只不過沒有被拘捕遭刑求而對我有過身體的傷害。

儘管如此，「國家安全企劃部」（NSP，前身為「中央情報部」）的幹員，還是經常會約我在明洞的「茶房」喝咖啡聊天，問我最近寫了些什麼新聞，態度還算客氣，這都是當時「警察國家」的慣例，我可以充分理解。

倒是一九八五年我被派駐韓國時的居留簽證保證人、國會議員金永光，他是執政黨友黨「新韓國黨」

的國會議員，當時在全斗煥的高壓暴政下，我認為找一個跟執政黨關係良好的人應該會比較安全。每當我獨家新聞太多，而且都可以用「洩漏軍事機密」論處的時候，他就會打電話給我，叫我跑新聞不要那麼「拚命」，多休息一下。事後我覺得，他應該是在情報當局的壓力下奉命來約束我。

一九八一年我是拿報社獎學金到韓國留學，當然有義務要對重大事件寫新聞。對我這個「學生記者」寫的中共空軍飛行員吳榮根一九八二年投奔自由到南韓的新聞，韓國情報當局大概也不知如何處理，但是我相信從此我就被「盯」上了。

一九八三年五月發生中共民航機被劫機事件，韓國檢方聘請了與情治機關熟稔的中文通譯，在每次開庭時對卓長仁等六名劫機犯的起訴內容，做言詞與文字的翻譯；我則負責把大使館聘請律師的辯護書翻譯成中文，事先與韓籍的通譯交換。事實上，這個拖了一年三個月的事件，每次開庭審理時檢辯雙方都是在演戲，他們都知道我們稱之為「反共義士」的這場劫機審判秀，最後必然是「政治解決」，所以檢辯雙方都是照著劇本演出。

劫機案後，一九八三年八月又發生了孫天勤駕米格二十一投奔自由、一九八四年四月的「亞青盃」籃球賽台灣隊痛哭退賽事件，乃至一九八五年中共魚雷艇叛變事件等一連串的事件，都不斷地衝擊台韓關係。在這些事件的採訪過程中，安企部對我的密切注意自不待言。

一九八一年九月三十日，在西德巴登巴登舉行的國際奧會大會，通過一九八八年夏季奧運會在漢城舉行，南韓舉國歡騰。其實，這是全斗煥在策士獻計下，為了轉移人民對他政變的不合法性以及高壓統治的不滿，所做的伎倆。此後，「一切建設為奧運」並以推動奧運帶動經濟發展，成為南韓全民拼命以赴的目標。隔年，南韓進一步推動職業棒球，藉由發展體育與運動賽事，讓人民的視線投注其中，也意圖藉此讓大學生消耗體力，而無力上街參與反政府的示威抗爭。

全斗煥跟朴正熙都靠政變掌權，但是軍人沒有錢怎麼搞政治？於是他們都把腦筋動到日本這個鄰近的富國，日本因而成為軍事獨裁的「提款機」。一九八一年五月，全斗煥派他的外交部長盧信永訪問日本，交涉借款一百億美元，把日本嚇壞了，問南韓何以需要這麼大筆錢？韓方的答覆是「南韓在第一線防衛日本免於受到蘇聯與中國的侵略」，讓日本感到啼笑皆非。保障日本安全的是駐日與駐韓美軍，怎麼會是南韓呢？談判破裂的南韓外長盧信永竟然怒氣沖沖拂袖而去，來借錢的人比被借錢的還兇，讓日本大開了眼界。

後來的談判韓方自動降價為六十億美元，最後到一九八三年總算以四十億美元成交。這段歷史現在南韓的年輕世代幾乎完全不知道，因為南韓官方與教科書刻意隱瞞這段史實。因為當時我是「學生記者」寫過好幾次新聞，所以對這段歷史很清楚。後來又讀了日本前駐韓大使小倉和夫二〇一三年出版的《秘錄．日韓一兆円資金》，更加了解談判過程的細節。

為了答謝日本願意借款，一九八三年一月南韓邀請日本首相中曾根康弘訪韓，全斗煥在國宴上還與中曾根合唱「情人的黃襯衫」（原為韓文歌，後來有日文版與中文版歌詞），兩人擁抱交杯合唱，為歷來僅見的日韓融洽。隔年九月，全斗煥報聘回訪日本，因而成為「唯一訪日的南韓大統領」，真正的原因就在於「借錢成功」。

然後在一九八三年六月南韓由公營的 KBS 電視台推動「一千萬離散家屬尋親轉播活動」，時間長達半年之久。起初只能在國內為離散家屬尋親，後來進一步擴大到尋找流落在北韓的親屬，於是在一九八五年就以人道主義為由，南北韓同意舉行「紅十字會談」，後來又有「經濟會談」、「體育會談」等。我駐韓第一年幾乎幾個月就要去板門店採訪一次紅十字會談的「實務會談」，真的是疲於奔命。

全斗煥政權的「尋親運動」，其實也是過精心策畫的「一石多鳥」策略。北韓當時也配合南韓的演出，當年五月，南北韓還舉辦了離散家屬互訪故鄉的活動，各組了一百五十人家屬團到對方首都訪問三夜四天。當然雙方各懷鬼胎都把互訪活動當作政治工具在操弄，離散家屬只能在公開場合會面一個小時，隔天就要打道回府，如此的樣板採親反而更加深了離愁與思念之情；可能幾個月之後，就會接到從日本轉來的信函說「某某的親人已經辭世」，或是日本轉來的骨灰罈。這樣的政治操弄實在太殘忍了。

流落在北韓的親屬能找的都找到了之後，接下來就是尋找在中國東北與蘇聯遠東地區的離散家屬了。至此，尋親運動已經成為南韓「北方外交」（與蘇聯中國建立邦交）的工具了，為了人道主義的尋親，南韓必須尋求與中蘇的紅十字會等非官方機構的協助，儘管這只被視為民間層次的交流，但後來逐步擴大到「半官方」與「官方」的接觸。

所以稱讚全斗煥促成南北韓的第一次談判，實在太過牽強。這跟爭取主辦漢城奧運一樣，都是在權謀策士的獻計下所規劃的。

再來談全斗煥對經濟發展的貢獻，這也是他最得意的政績，事實真相果真如此嗎？其實大錯特錯！先講一個真實的故事。李明博當總統時，曾經把幾位當時仍在世的前總統邀請到青瓦台共進午餐，全斗煥遇到金泳三時譏笑他說：「不會搞經濟也能當總統啊？」（金泳三任期最後一年爆發金融危機），金泳三則反唇相譏：「我至少沒有像你殺人如麻！」兩人差一點大打出手。

全斗煥的經濟成績，其實真正要感謝的是「廣場協定」（Plaza Accord）。一九八五年九月，五大先進工業國的財政部長在紐約「廣場飯店」集會，討論讓美元貶值的問題，後來簽署的協定就稱為「廣場協定」。從此日圓快速升值，從一美元兌換二百四十日圓一路狂升，曾經一度升到一美元兌換八十日圓，後來才穩住一美元兌換一百日圓至今。而台幣跟韓元也跟著日圓升值，一九八六年起台幣對美元的匯率從一美元兌換四十元，曾一度飆升到一美元兌換二十五元，後來貶回一美元兌換三十元至今。一九八〇年代後半期韓元也是一樣跟著日圓升值。

當時駐韓當特派員的我，注意到韓國媒體經常發表的民意調查，自認為屬於「中產層（中產階級）」的人民，都已超過半數以上，達到五十五%～六十%，韓元升值讓中產階級大量興起。經濟發展理論常說「經濟發展會帶動民主化」，這是唸過大學的人都知道的常識。但是我的觀察則是「中產階級成為一個社會的主流與多數之後，就不可能再以獨裁高壓的手段來統治」。韓國如此，台灣也是如此。所以兩國的獨裁政權後來都在「由下而上」的抗爭壓力下向民意投降，而宣布民主化與自由開放。

全斗煥執政時經濟持續穩定，而且呈高速成長，真正的功勞在於「廣場協定」，算是他好狗運，絕不是一介草莽軍人有多大推動經濟的能力。

最後，還必須提一件全斗煥的惡劣事蹟。一九七九年五月，金大中以煽動內亂罪在隔年八月被軍事法庭判處死刑，但是在美國為首的各國壓力下，全斗煥政權不敢執行。但是金大中的死刑，卻成為被南韓利用為對美談判的籌碼。我在史丹福大學的老師、美國前駐日大使阿瑪科斯特與當時的首席外交顧問艾倫，先後在紐約時報撰文指出，雷根為了救金大中同意邀請全斗煥訪美。全斗煥政權把金大中的生命做交換條件，實在是骯髒又卑鄙的伎倆。

行文至此，大家應該可以知道：全斗煥這個「光州屠夫」究竟做過多少骯髒事，又做過哪些好事了吧。第一個促成南北韓會談的總統？第一個訪問日本的韓國總統？任內經濟成績亮麗？這都是不懂當時事件背景與事後被揭露秘辛的西方記者膚淺的認知，然後台灣無知的媒體依樣照抄。

新世代的媒體人，請用功一些、多讀一些書、多攝取一些文獻吧！否則，如此寫一個歷史罪人的訃聞，是會貽笑國際的！

一位時代巨人的殞落
——金大中的功過論定

不到三個月之間走掉了兩位卸任總統，而且是在十年之間領導南韓進步與改革的前後兩任，給了南韓人民極大的衝擊；尤其，對保守政權復辟之後士氣低迷的進步改革陣營，無異是雪上加霜。短期內在野的進步勢力將沒有精神領袖，可以制衡李明博的保守逆流。

雖然抱病已久的金大中的辭世，已在預料之中，但是大家都沒想到他會走得這麼快，因為七月初他才對盧武鉉的自殺發表過談話，表示是「南韓民主的危機」，言猶在耳，不過月餘就撒手人寰。一盞混沌時代的明燈，從此殞滅。

金大中的一生，可以用韓國成語「七顛八起」來形容。他曾經因為屢選屢敗而被譏為「萬年候選人」，在一九九七年底傾力最後一搏而當選總統，終於洗刷了百濟人的千年遺恨；王建的新羅王國消滅百濟與高句麗、統一了三國之後，百濟人終於靠金大中出頭天了。

但是承繼金泳三留下的爛攤子，金大中所面臨的是一個金融危機之後的破敗國家，除了韓幣大幅貶值之外，外匯存底降至谷底，對外債信被大幅降等，失業率高漲，外債節節攀升，國家整體經濟幾乎面臨破產的邊緣。

雖然他在任期最後一年（二〇〇二年）的跛腳鴨總統時期，仍發生兩個兒子貪瀆入獄事件，但比起前幾任總統，金大中本人的清廉度與政商關係，算是比較正常的。最諷刺的是，他在1998年初背負「國難」上任，要這位受盡軍事獨裁政權迫害、奉獻一生的民主鬥士來清除獨裁政權所留下的政治垃圾，歷史對他的作弄實在莫此為甚。

不過，金大中卻能以百濟人「風前夕柳」的柔軟與善變性格，來迎戰困頓險阻，一上任就揭示他的「DJnomics」（大中經濟學），矢志要以改革來矯正過去威權時代的「官治金融」、「政商勾結」、「貪瀆腐敗」等，呼籲全民揚棄過去的思考模式與積習，建立「大家一起求變才能存活」的共識。五年間，金大中領導的「國民的政府」，終於透過結構調整與改革，完成了「第二建國」的使命，讓南韓人民自信地邁向進二十一世紀。

金大中五年政績之犖犖大者，首推「救經濟」交出亮麗的成績單，得到國內外的肯定，並提升與重建了人民的經濟自信。其次是「文化紮根」——提升國民的文化素質，並大量輸出大眾文化產品，以及「意識改革」——讓人民從「強控制」體制與階級及威權思想解放。第三，動員國家力量與政策，全力發展電腦與網路產業，使網路族成為社會動脈的主導力量。第四，婦女地位的全面提升（在內閣新設「女性家庭部」），徹底顛覆「男尊女卑」的社會文化與傳統價值，女性參政與婦幼福祉得到完善的保障與照顧。

在經濟進行自由化與民主化改革之際，高科技產業（如半導體的產能等）的蓬勃發展，以及隨之而來的軟體內容產業的興起，提供中小型「創投事業」良好的發展土壤與養分。而從一九九〇年代中半興起的網際網路，則造成了網路文化的普及，加上南韓政府對「資訊高速公路」的軟硬體的投資佈建，使得全韓四千七百萬人口中，網路人口達二千五百萬，全球排名第四，幾乎家家戶戶都用電腦；寬頻上網人口達一千多萬人，普及率為全世界第一。

二○○二年六月與日本共同主辦的世界盃足球賽，南韓打進了前四強，讓亞洲各國愕然，隨著強勁的韓流旋風席捲全世界，國際媒體都把浴火重生的南韓當做焦點話題，也讓韓國人恢復了金融危機之後失墜的民族自尊與自信。

南韓能夠在IMF紓困期間迅速拯救經濟的另一個原因，就是金大中政府排除過去的「排外性格」，大幅修改法令規章並開放門戶，大量引進外國直接投資，讓外商企業直接購併南韓的倒閉企業。如此也讓外債大幅減少而成為「外資」，經營主導權成為外國人或多國籍企業。

金大中政府雖然打著「落實民主與市場經濟」旗幟，但是「官方主導」的基本施政性格並未改變多少。像大財閥企業的「業種交換」（Big Deal）與「改善作業」（Work-out）仍由官方介入主導，這與一九八○年代期官方主導與干預的「產業重分配」措施，幾乎無分軒輊。

至於金大中任內最大的爭議，要算二○○二年大選期間才被揭發出來，以四億美元的代價買通金正日，在二○○○年六月中旬與他在平壤舉行歷史性的南北韓高峰會。雖然高峰會讓他贏得諾貝爾和平獎，但是單方面得到和平獎卻為歷來所僅見，而且沒人知道北韓的獨裁政權是否把這筆鉅款用來發展核武。

不過，他任內對北韓採行的「陽光政策」，以懷柔的胡蘿蔔替代一貫圍堵的棍棒政策來與北韓交往，因而緩和了兩韓的緊張對峙關係，證明是有效的。畢竟，南韓不論國力與人口都比北韓強大，金大中深諳「大事小以仁」之道，他的政治智慧與政治手腕確實過人。

金大中最讓南韓人民懷念的功績，是他以政治受難過來人的身份當政，能夠在任內完成了深化民主與保障人權的立法與制度性機構的建置，例如：設立「民主化運動補償審議委員會」（1999. 12.）、「疑問死真相追究委員會」（2000. 10.）、「國家人權委員會」（2001. 11.）等直屬總統的機構，讓南韓能夠徹底落實轉型正義，在二十一世紀初踏出了健康進取的腳步，迎向全面鞏固民主的嶄新未來。

金大中在病中仍大聲疾呼，「民主不能倒退，必須終止南北韓的敵對」，他強調，「不作為的心，就是邪惡」，敦促南韓人民要覺醒。

金大中已經蓋棺論定，他的一生就是南韓的民主、人權與和平的象徵。他走在時代之前，懷抱著歷史使命感，為了國家民族的未來身先士卒、披荊斬棘；不過，他也必須被批判，他所主導的「派閥政治」、「老闆政治」、「帝王式集權領導統御」、「地域主義」等，對韓國政治文化發展的負面影響。

一位亞洲的時代巨人殞落了，對他的功與過或褒與貶，給予「八二開」應該是合理的！

誰，殺了盧武鉉

很少有一個國家的政局像南韓這樣充滿爆炸性，前總統盧武鉉跳崖自殺身亡就是個例子。他用自殺來向國人謝罪，為他的背信付出生命的代價。同時，他也藉此向李明博政府表達嚴重的抗議。

盧武鉉自殺，衝擊之大不遜於一場軍事政變，等於是盧武鉉代表南韓進步勢力對李明博的保守陣營的正面攻擊，進步勢力陣營雖然錯愕與不捨，但是盧武鉉的死，卻有凝聚力量、重整旗鼓之效，未來南韓朝野版圖如何重整，也值得觀察。

盧自殺死諫　李明博錯愕

當然，受到最直接的衝擊，首先就是李明博總統，他被質疑對前朝的政治報復，導致盧武鉉以自殺來死諫，李明博知道盧武鉉把球丟還給他，以致在第一時間驚愕到說不出話來。

其次，就是替李明博執行司法追殺的南韓檢調當局，他們在盧武鉉死亡後，立即停止對盧案的調查，很明顯是「心虛」的表現；南韓的司法不改「為政治服務」的本色，從軍人獨裁政權時代就被譏為「政治的侍女」。

第三，則屬反動的惡質主流媒體「朝、中、東」（朝鮮日報、中央日報、東亞日報），他們與檢調聯手與唱和，對盧武鉉的抹黑、醜化與惡意抵制，造成人民對盧武鉉的誤解，而使許多南韓人民因為心生愧疚而前去悼唁。

這三大權力共犯，一夕之間成為人人喊打的過街老鼠。

李明博對盧武鉉的政治追殺，最大的失算，在於他仍沿襲威權時代的整肅手段，而且在聲望已跌落到二十一％之際，仍誤以為自己是當選之初的支持率，繼續以「全民總統」之姿睥睨天下而錯估形勢。

盧終結三金　反財閥壟斷

盧武鉉在下台後，聲望反而因為李明博的失政與經濟的凋敝而大幅攀升，他至少擁有南韓一半以上人口的支持，特別是當年選他的四十歲以下的網路世代，這些年輕族群未來的動向，必然會讓李明博如芒刺在背，迫使他必須步步為營，否則難保他的保守政權不會陰溝裡翻船。

盧武鉉在政壇的發跡，始自於天主教釜山教區宋基寅神父的提拔。他與人權鬥士宋神父結緣於為民主人士辯護的法庭。宋基寅鼓勵盧武鉉從政，而在一九八八年首次當選國會議員，宋也為盧武鉉受洗，而成為他的教父。

二〇〇二年十二月，盧武鉉挾著南韓社會求新求變的積極能動性，對進步與改革的高度期待，以及當時南韓人民「反美民族主義」的氣勢，在網路族年輕選民的狂熱支持下，展現了對選情的主導力量，而打敗勢力強大的保守陣營候選人李會昌，入主青瓦台，終結了「三金」（金鍾泌、金泳三、金大中）的「老人政治」時代。

他上任後最讓財閥企業緊張的，就是一貫「反財閥」的立場鮮明。盧武鉉擔任國會議員時，就曾主張將「財閥解體」，由政府買下財閥企業的股票分給勞工。他矢言，禁止大財閥經營與本業不相關的事業，要促進財閥集團的改革，建立更具效率與透明的管理及財務制度，逐步削弱財閥獨佔與壟斷經濟。

抵制鴨霸報紙 朝中東反彈

當選總統之前，他也曾放話，要把主流大報「朝、中、東」收歸國營，引起這些報紙的強烈反彈，對他展開猛烈撻伐，後來他只好改口說那是「酒後失言」，但是與主流媒體已經結下樑子。不過，他並不在乎，因為他的支持者都是網路族，依賴更大的是網路電子新聞，根本不看這些報紙。

盧武鉉非常痛恨這些既得利益又「鴨霸」到無人可以制衡的報紙，之前，他就與朝鮮日報打過官司，對這個保守反動的第一大報，誓言對抗到底，而且堅決不妥協，始終拒絕接受該報的訪問，擺明抵制到底的態度。

盧武鉉的當選對南韓而言，是一次世代之間的大戰，年輕人獲得全面勝利，老人被迫交棒退出，一個戰後世代主導的政治新局正式登場。

但是他在五年的任期當中，儘管在深化與鞏固民主，以及保障人權等方面成就斐然，也備受肯定，但是，人權律師出身的他，對勞工與弱勢族群的支持與關懷，卻讓大財閥企業與經濟既得利益勢力大為緊張，加上主流媒體對他的惡意杯葛，使他的改革一路走得非常艱辛。

尤其，大財閥企業經營的商業銀行，大舉借進低利率的短期日元資金，提供房地產業者炒作房價，從中獲得暴利，加上盧武鉉政府錯誤的不動產政策，導致房地產價格暴漲，物價跟著騰飛，國民所得差距擴大，人民因而對他怨聲載道。經濟施政在大財閥抵制之下的束手無策，註定了盧武鉉狼狽下台的命運。

盧武鉉在上任兩年之後，在二〇〇四年二月，曾經以「違反中立，介入選舉」的莫須有罪名，遭到國會彈劾而停職兩個月的羞辱。後來執政黨在國會選舉的大勝，憲法法庭只能順應民意駁回國會的彈劾案，結束了這場荒謬的鬧劇，讓盧武鉉復行視事。

階級鬥爭　鄙視賤民總統

南韓政壇對盧武鉉的杯葛，如同大財閥等經濟既得利益勢力對他的抵制，那不僅是保守勢力的反撲，還有世代之間的鬥爭，更明顯的是，傳統主流社會根深柢固的階級觀念與派閥意識，對盧武鉉這位出身卑微的「賤民」的鄙視，他們無法認同被這樣一位賤民所統治。

南韓主流社會一向是由士大夫階層所操空，他們是產、學、官、軍、媒等共同形成的菁英集團。傳統文化所形成的尊卑意識與階級觀念，始終牢不可破，只差沒有像印度種性制度那樣鮮明地劃分階級。但是，出身賤民階層的盧武鉉即使有再高的民意支持度，他仍受到韓國的上層社會所鄙視。

這可以從保守反動的主流媒體朝鮮日報，在盧武鉉當選一個月後、還未就任前，在二〇〇三年一月十六日就以「陳水扁與盧武鉉是出自同一個紅豆餅的模子嗎？」為題，比較了兩國總統的相似之處，行文之間已流露出對他的鄙視。

扁與盧　同一個模子出爐

朝鮮日報指出盧武鉉與阿扁的共通點有：一、都是出身貧窮農村的才俊；二、擔任反政府事件的辯護而投身政界；三、市長選舉失利而總統選舉當選；四、主張「新政治」得到年輕世代的支持；五、言行不夠慎重且有民粹主義傾向；六、重用學運世代而被譏為「童子軍治國」。該文一再提醒盧武鉉，必須以阿扁的教訓為「負面教材」。此外，還從各方面來比較兩人的異同：

◎成長過程

陳水扁：佃農家庭，讀書考試一路領先，大學期間即考上律師特考。

盧武鉉：家貧只唸到高商，靠自修苦讀，司法官考試連考七次才考上。

◎律師生涯

陳水扁則是海商法的權威，收入頗豐。

盧武鉉的律師業務是以稅務相關的案件為主，賺了不少錢。

◎人權律師

一九七九年台灣發生「美麗島事件」，陳水扁擔任辯護律師，開啟他的政治視野。

一九八一年全斗煥政權當局捏造容共顛覆政權的「釜山學林讀書會」事件，逮捕刑求二十二名當地民主人士。盧武鉉擔任此案的辯護律師，改變了他的人生。

◎從政歷程

一九八一年陳水扁出馬競選台北市議員，開始步入政壇。一九九八年台北市長連任失利。一九八八年盧武鉉當選國會議員，踏上從政之路。四年後競選連任失敗，後來競選釜山市長再遭挫敗。一九九八年的補選才重返國會。

◎囹圄經驗

陳水扁：一九八六年因「蓬萊島雜誌」報導馮滬祥抄襲，被控誹謗罪而入獄二百四十六天。

盧武鉉：一九八七年巨濟島大宇造船罷工事件涉嫌「第三者介入」被逮捕入獄。

儘管兩人有如此多的雷同，但還是有不同的地方：一、阿扁書讀得比盧好，也比他早出道於法界與政界；二、盧武鉉比阿扁更笨拙於言詞，而且他的口無遮攔又隨時大放厥詞（未做先說，或把話說得太重太滿），經常造成舉國譁然。不過，因為出身與際遇近似，他們倒是有著惺惺相惜的情誼。

同樣遭「御用司法」追殺

特別是，盧武鉉在二〇〇四年四月被彈劾停職時，阿扁曾經雪中送炭，託筆者帶去他當年一月新出版的書「相信台灣：阿扁總統向人民報告」。陳總統特別在書的扉頁簽下：「盧大統領武鉉吾兄賜正台韓友誼萬歲　陳水扁　2004. 4. 12.」。盧武鉉在等待國會大選結果為他平反的苦悶之中，也回贈阿扁一本他的著作，並簽下「祝您政躬康泰　國運昌隆」等字句。

扁盧這兩位際遇相似，又惺惺相惜的難兄難弟總統，恐怕都沒有想到，他們連下台之後的命運，幾乎也是如出一轍。兩個人先後遭到後任政權無情的政治報復，並且藉由「御用司法」來進行政治追殺。事實上，南韓政壇對前朝政客的政治報復，有其歷史傳統。藉由懲罰前朝元首，來紓解民怨轉移到對現任的支持，以鞏固權力並尋求道德正當性，幾乎已經成為慣例。但是如此作為，卻落人躁進於剷除異己之譏。

南韓的政治報復之極致，首推「第五共和」的全斗煥政權對當時異議人士金大中的迫害。他在一九八〇年以羅織的「煽動內亂」罪名，將金大中判處死刑。

金大中當年在軍事法庭被判死刑前，在被告做最後陳述時，曾經大聲疾呼：「這個國家的獨裁者濫肆對政敵殘酷的政治報復，就到我所受的為止，民主政府成立後，絕對不要採取政治報復！」法庭上所有聽完的人都站了起來，每個人留著眼淚，哽咽地唱著韓國國歌。

政治整肅　馬政府如出一轍

此情此景韓國人都歷歷在目，但是經過金大中與盧武鉉十年的民主政府，回到保守政權之後，獨裁威權時代的幽靈卻復辟了。一年半以來，李明博政府的政治報復手段讓南韓人民看得目瞪口呆。

李明博執政後造成的民主倒退、人權倒退、南北韓關係倒退、經濟衰退導致貧富差距擴大等等，和台灣的九流政府一模一樣，李明博藉由清算盧武鉉來轉移人民對他失政的注意力，也幾乎和台灣的九流政府一模一樣。

但是李明博政府接連不斷的政治報復與整肅行徑，已讓南韓的進步勢力陣營相當不耐。接連發生的民主倒退案例，諸如：網友因為批評政府政策而鋃鐺入獄；主播因為播新聞時發表忤逆當局的言詞而遭撤換；國家人權委員會因為說出當局不喜歡聽的話，而被縮編組織與預算；中學老師因為抨擊考試領導教學的謬誤而被逐出校園。這種政治報復或整肅異己的事，在金大中與盧武鉉時代，都未曾發生過。

此外，檢調機關像獵犬一樣，上位者的一句命令，就四處尋找獵物來滿足當局的政治需求；司法高層則頤指氣使地干預一般推事的審判等，不改司法始終扮演「政治侍女」的本性。過去每逢選舉，大企業的總裁們，總是找盡各種藉口出差海外，避免各政黨的政治獻金需索，這種風氣在盧武鉉執政之後已經消失，現在又隱隱重現了。

盧武鉉時代雖留下不少政策與政治方面的失敗，但是比起歷屆政府，在人權與民主卻有長足的進展，這點是無法否認的。

盧武鉉標榜猶如「傳家寶刀」的道德高度，他也曾高喊要創造「沒有違法及特權的社會」，他更公開宣稱過：「那些搞利益輸送或人事關說的人，被我抓到的話，我一定會讓他們身敗名裂」，因此比起那些沒說過這種重話的人，他當然會受到更嚴酷的審判。

媒體煽惑　收押羞辱前總統

然而他家族的貪腐缺失，卻透過檢方對媒體的洩漏，一再被傳播開來；對他的強烈批判也排山倒海而來。有一些人質疑說：「檢方認為有問題的錢，全部加起來，金額與前幾任總統相比，只不過是九牛一毛而已！」「檢方不敢動新政府，卻只猛咬舊政權？」儘管有這種同情與批判的說法出現，但是譴責盧前總統偽善的聲音，仍舊是壓倒性的多數。

韓國主流媒體甚至惡質地煽惑，「台灣可以收押前總統陳水扁，韓國的司法為什麼做不到？」由此鼓動的社會輿論，已經一面倒地非要將盧武鉉收押羞辱才能大快人心。事實上，這十足反映了深植南韓社會的「政治報復文化」。

盧武鉉最後在個人網站上發表的文章中說：「我已經失去談論民主、進步、正義的資格了，請唾棄我吧。」這番言論必然是在痛切反省之後的結果。自殺之前的盧武鉉宛如被宰制的俎上魚肉，但是南韓進步派的媒體「韓民族新聞」則跳出來為盧武鉉打抱不平，指責此刻正在亂刀砍殺他的那些人，似乎也需要捫心自問一下：「自己的手乾淨嗎？」

盧武鉉五年執政期間，可說是被大財閥的杯葛，以及惡質的主流媒體的抵制，而敗陣下來。例如大財閥所主導的房地產投機炒作，造成二〇〇六年韓國主要都市的不動產上漲率高達二十％，在亞太地區漲幅最高，但是當年的物價上漲率只有二・九％；二〇〇一至二〇〇五的五年間，首爾江南地區的高級公寓上漲了二百六十三％（二點六三倍）。對房地產價格爆漲的束手無策，是盧武鉉最大的敗筆。韓國的房地產何時會泡沫化，任誰都沒有信心。

台韓對照　妖魔鬼怪難遁形

接著，韓國短期外債（一年償期）的膨脹，則是大財閥經營的商業銀行所導演（短期外債佔了二〇〇六年借進的整體外債的八成，當年累積的短期外債為一千二百億美元，佔了整體外債的四十六％）。它們迫不及待地借入日圓，藉以擴大國內的房屋貸款額度，從中獲得巨利。財閥用盡各種手段牟取暴利，還兼具痛打盧武鉉的雙重效益。盧武鉉經濟成績的慘不忍睹，才讓李明博宛如救星登台。

所以，盧武鉉可說是在大財閥與惡質媒體的夾殺之下黯然下台。然而他的自殺，從文化與社會層面來看，則是被階級社會與報復文化所殺死的，當然，直接的殺手就是李明博、司法與媒體。

出身卑微、非主流社會的人權律師當選總統，曾帶給南韓的庶民階層以及弱勢族群莫大的希望與夢想，盧武鉉成了他們的偶像與精神標竿，普遍認為終於可以擺脫大財閥的宰制、弱勢者可以出頭天的新時代到來了；但是南韓社會根深柢固的派閥主義，以及尊卑關係嚴密的階級意識，再加上歷史上的黨爭延續至今的報復文化，都不是盧武鉉在民主化時代的「參與政府」所能夠撼動或改變的，於是，盧武鉉最後只能選擇「敗陣的人生」來控訴。

看看韓國的盧武鉉，想一想我們的阿扁；看看他們李明博保守政權的民主倒退櫓，想一想我們馬英九藍營的獨裁威權幽靈重現；他們有政治御用侍女的司法，我們也有藍營自家開的法院；他們有朝中東的反動媒體，我們則有擅長作假的惡質統媒；他們有大財閥壟斷經濟資源，我們則有財閥式的政黨壟斷政治資源；他們的社會有鄙視賤民的士大夫階級，我們則有看不起台灣人的高級外省人……。這對難兄難弟的際遇，還真如出一轍。

台韓兩國的民主之路，一路走來跌跌撞撞、坎坷崎嶇，越比較越讓人啞然失笑。儘管如此，東亞這對孿生連體嬰，不失為可以互相映照的一面「兄弟的鏡子」。兩人不僅越照越像，妖魔鬼怪也越照越無所遁形。

（本文刊載於二〇〇九年六月十一日出刊的「玉山週報」創刊號）

李明博的「統一稅」狂想曲

二〇一〇年六月二日，才在全國地方「十六都」選舉慘敗，而使後半任期被提前宣告「跛腳」的南韓總統李明博，也許是為了重建領導形象與威信，利用八月十五日紀念光復六十五週年的致詞，提出準備徵收「統一稅」的論調，不僅成為當天媒體的焦點，更引發國內外的激烈爭論。

三星集團的「中央日報」指稱，「統一稅」的議題，在去年撰寫光復節賀辭時，就曾猶豫該不該放進總統的演講稿裡，雖然上次沒寫進這些內容，但是今年總統的意志相當強烈，最終還是寫進文告中。

李明博倡議，南北韓應該以和平統一為目標，並以「新模式」來發展雙邊關係。為此，他提出「三階段統一方案」。首先，為了保障朝鮮半島的安全與和平，南北韓應建立「和平共同體」，包含實現朝鮮半島的非核化。接著，建構「經濟共同體」，透過雙方的交流合作，促使北韓經濟發展，進而達到南北韓之間的經濟整合。最後，就是跨越彼此制度上的障礙，共同追尋韓民族的尊嚴、自由與生活等基本權利，攜手邁向「民族共同體」，完成統一大業。

他又表示，統一已不再是紙上談兵，現在已到必須為龐大統一經費進行實際準備的時候，希望社會各界能正視徵收「統一稅」的問題。

事實上，「統一稅」並不是一個新的概念，早在一九九一年，「韓國開發研究院」（Korea Development Institute）就已提出這個構想，後來經社會各界討論後，不了了之。

分裂國家在統一時，為了因應混亂局勢與支付龐大的政治、經濟、重建、醫療等開銷，甚至是為了縮小彼此間的差距，需要一筆鉅額的費用。過去柏林圍牆倒塌、東西德統一，當時德意志民族的興奮與感動，不言而喻。然而，自一九九〇年起，德國已經耗費二兆歐元來縮小東西德的差距，可惜的是，這樣的鉅款仍遠遠不足。當初的激情，如今卻成了一場「災難」。

從人口比率與經濟能力來看，過去的東德要比現在的北韓富裕太多，南北韓若要統一，預料將會出現巨大的經濟負擔，而且財政壓力顯然會比當時的東西德更為沈重。韓國排名世界第十五的經濟地位，在兩韓統一後，勢必會被北韓拖垮，這樣的慘況恐怕不是南韓人民所樂見。

針對李明博突如其來的政策藍圖，韓國一些學者專家表示，雖然可能引起少數國民的共鳴，但是在落實上仍存有差距。一般來說，民眾對於新設稅收的反感遠大於調高現有稅率，更何況目前韓國世宗市、整治四大江等工程，已造成不容小覷的財政赤字，在這種情況下，政府又提出「統一稅」的徵收，很難不引起民眾的反感與反彈。

再者，統一後所需的費用很難估算，不管是因北韓政權突然崩潰而統一，或是南北韓逐漸縮小經濟差距而統一，統一方式的不同，所帶來的財政衝擊力道也不一樣，韓國民眾的不安心理也只能隨之起伏。在野的民主黨就批評說，李明博執政以來，南北韓關係就一直處於劍拔弩張的局面，現在突然倡言要徵收「統一稅」，也未見配套措施，這樣的作法實在是缺乏誠意。況且，原有的「南北合作基金」都還沒能夠好好地規劃利用，在這種情形下，又討論要徵收新的稅金，李明博的意圖令人質疑。

民主黨又表示，徵收「統一稅」，可能再度挑起北韓的敏感神經，讓北韓認為未來要採行「吸納式統一」，這將更不利於統一的進行。目前，韓國政府應該先向北韓提供援助，改變目前對北韓的強硬態度，緩和緊張的南北韓關係，這些作為才是首要之務。

北韓方面則是透過「祖國平和統一委員會」，痛批李明博提出的「統一稅」徵收構想，並宣稱「這等於是要展開全面的體制對決」。

對於李明博揭示的「三階段統一方案」，「祖國平和統一委員會」發言人表示：「每天構思侵略，進行戰爭演習，卻高喊建立『和平共同體』；破壞南北韓協力合作，卻號召建立『經濟共同體』；全盤否定南北共同宣言，阻礙統一大業，卻提出要建立『民族共同體』，這樣的提案簡直荒謬透頂。」

今年三月二十六日爆發天安艦遭魚雷擊沈的事件之後，到六月地方選舉時，南韓執政黨從剛開始的謹慎態度，到竭盡所能地譴責北韓、向聯合國控訴、連同美國舉行軍事演習，但是這些動作下來，事件調查沒有進展，反而將朝鮮半島帶入一個更不穩定的環境。聲望下跌的李明博，此時提出冠冕堂皇的統一方案，並要為預籌統一資金而徵收「統一稅」，此舉成功地轉移焦點，讓李明博稍微獲得喘息的機會。

問題是南韓人民準備好統一了嗎？八月十五日李明博發表統一稅文告的兩天後，首爾大學統一和平研究所發表了一份民調結果，僅有近六成民眾認為「必須統一」，「無意見」與「沒必要統一」的比率佔了四成之多；而認為「必須統一」的人當中，以「因為是同一個民族」四十三%的比率佔最多數，但比起二〇〇八年的五十七．九%與二〇〇九年的四十四%，明顯呈現下滑的趨勢，顯示南北韓的不穩定局勢，深深影響著南韓民眾的抉擇。

「統一稅」的問題，過去僅在社會各界有所討論，李明博此次在全國演說中特別指陳，等於把統一問題提升為全民焦點。然而，「統一稅」議題，應該是要透過廣泛的社會協商與民意溝通之後，再去執行的方案，而不是總統在文告中隨意說說的議題。對於現在的韓國國民來說，統一已不再是必須完成的使命，而是要考慮現實得失的重要選項。

李明博這齣「跛腳鴨」之後的首次演出，不免失之於粗糙與粗暴。從他上任以來的行事風格觀之，這次仍不改他「文人獨裁」的一意孤行、黑箱作業的模式，完全無視於民意的存在，未來引發更強烈的民意反彈，也是可以預見的。因為此舉除了只能得到在南韓社會屬於「極端少數的韓戰世代的極端右翼保守勢力」的呼應之外，是不可能得到絕大多數民意的支持的。

從台灣做為局外人看來，李明博的「統一稅狂想曲」，實在無異於搬石頭砸他自己的腳，這也難怪南韓人民譏笑他的腦袋容量，就如同他的英文名字，只有「2MB」那麼小。「徵收統一稅」？阿婆仔生子，真拚咧！

（本文原載二〇一〇年八月二十六日出刊的「玉山週報」第63期）

輯六：反覆被威權幽魂糾纏的韓國

暴起暴落被收押審判的朴槿惠

二〇一二年十二月以五十一・六%的得票率當選總統的朴槿惠，是南韓自一九八七年恢復總統直選以來，唯一過半當選的總統，而且是第一位女性總統。挾著高人氣與人民對改善經濟的高度期待，二〇一三年二月底朴槿惠強勢登場，父女先後擔任總統也成為佳話。

跌落凡間的公主成功上演復仇記

朴槿惠在一九七九年十月父親朴正熙遇刺死亡後，搬出總統府「青瓦臺」，從皇宮跌落民間成為一介平民。除了運作以父母為名而成立的基金會，以及擔任父親創辦的嶺南大學理事長之外，並無任何公職，因為父母雙亡使她的心智受創頗巨。

韓國有一句成語「七顛八起」，意指跌倒七次之後，不服輸再繼續努力拼鬥的話，第八次就能站起來了。這是一句很勵志的話。不過這句話如果用在朴槿惠身上，可能要倒過來改為「七起八顛」，才比較貼切。她一生的大起大落，真的只能這樣來形容。

朴槿惠從宮廷的公主跌落凡間成為平民，蟄伏多年之後，再從谷底爬升。一九九七年朴槿惠挺身支持執政黨候選人李會昌，次年當選國會議員重返政壇，這樣艱辛的奮鬥歷程，確實讓人敬佩。不過這段歷程卻讓她嚐盡人間冷暖，有當年她父親的屬下見到她視若無睹，有競逐權力的對手對她的抹黑等等，而促使她奮鬥上進的動力，則是一股「恨（Han）的意識」。於是登上總統之位後，她演出了一齣「公主復仇記」。

她上任總統第一年除了喊出「創造型經濟」的口號，並出訪美國與中國的元首外交之外，並無其他的具體建樹。她在二〇一三年先訪美再訪中，但是任期內從未訪日，反而因為「獨島／竹島」爭議與「慰安婦問題」，在二〇一五年與日本建交五十週年之際，與日本關係跌落谷底。不過，她與中國卻因慰安婦問題與安重根紀念館在哈爾濱車站建立開館而水乳交融，這是可以與中國有所交集，進而「聯中反日」的兩大議題。當年九月三日，朴槿惠甚至站上天安門與習近平主席共同閱兵，但是此舉太向中靠攏而引起美國不快，致使她不得不在美國的壓力下，草率與日本就慰安婦問題達成十億日圓基金的協議，並與日本簽署軍事情報交換協定，這兩項未徵得民意認可的妥協，在國內引起不小的波瀾與反彈。

世越號船難讓人民對朴槿惠「切心」

二〇一四年四月十六日發生的「世越號」船難事件，造成三百零四人死亡或失蹤，成為朴槿惠聲望開始一路下跌的關鍵。由於政府從中央到地方在救援過程中的「失能」與不作為，導致人命犧牲如此慘重，人民普遍認定這是一樁「人禍」。但是，在青瓦臺與國家情報院的操控之下，主流媒體受到打壓而噤聲，在事故現場第一線採訪卻無法報導真相，只有受難學生家屬在市中心的光化門搭帳篷長期抗爭，並要求國會訂定「世越號特別法」，但是始終遭到國會的冷落。

這次船難事件朴槿惠政府展現的無情與冷血，讓人民寒心至極。於是在六月舉行的地方首長選舉，朴槿惠的執政黨新世界黨首嚐敗績：十六個市與道的首長只得七席，地方教育監的選舉，十七席中只得四席，完全慘敗。此時，她的支持度只剩下十七％。

二〇一六年四月的國會議員選舉，新世界黨再遭挫敗。不僅在三百議席中未過半（新世界黨一百二十二；其他政黨一百七十八），而且淪為第二大黨，韓國媒體都說這是對朴槿惠的審判，南韓選民用選票制裁傲慢的朴槿惠政府，也算是對她的不信任投票，朴槿惠因而提前成為「跛腳鴨總統」（Lame Duck）。國會這次的變天，猶如一九八八年的「朝小野大」（民主正義黨一百二十五；其他政黨一百七十四），揭開了「過去清算」的序幕。

事實上在朴槿惠之前，同為保守派的李明博政權的作為，就已經開始「開民主的倒車」。除了再度動用「國家保安法」起訴異議人士之外，對安京煥教授主持的「國家人權委員會」的打壓與對行政部門的報復，使得國家人權委員會的獨立性與監督政府的功能，遭到嚴重的蹂躪，迫使安京煥委員長提早掛冠求去，並且向「憲法裁判所」控訴李明博總統。不僅如此，韓國也從聯合國「國家人權機構國際協調委員會」（ICC, International Coordinating Committee for National Human Rights Institutions）的副主席，淪落為人權「待觀察」的國家，也就是從保障人權的「模範生」變成劣等生。

失民心卻仍一意孤行編「孝心課本」

後來，在二〇一二年大選期間，南韓最高情治單位「國家情報院」（國情院），召集工作小組指揮網民，在網路大量散播攻擊在野黨總統候選人文在寅的言論，並散播支持朴槿惠的輿論干政，事件於二

○一三年初遭揭發後，引起南韓社會譁然。最高法院於是在二○一四年九月十一日對此案做出宣判，前院長元世勳違反「國家情報院法」，判處二年六個月徒刑、緩刑四年，並褫奪公權三年。但針對檢方所告發支持特定候選人、違反「公職選舉法」部分，則獲不起訴處分。這是一個讓人民無法信服的判決。因為元世勳對朴槿惠當選有功，一般韓國人咸信，法院也是看朴槿惠的眼色，而做出這樣荒唐的判決。但是文在寅政府上任後，對坐牢中的元世勳追加起訴三十四項罪名，二○二一年十一月他被判刑十四年二個月定讞。

接著，多數法官都由朴槿惠提名的「憲法裁判所」（即憲法法庭），在二○一四年十二月十九日經法官表決後宣判，解散左派小黨「統合進步黨」，並沒收所有財產、禁止再度成立替代性質之政黨，該黨五位國會議員立即喪失資格，這是韓國憲政史上，首次有政黨被憲法法庭判決強制解散。已經經過金大中、盧武鉉兩任總統的十年「最民主自由時代」的韓國人，眼見保守政權的胡作非為，無不瞠目結舌。

無視於兩次選舉自己已成為少數派的局面，朴槿惠仍一意孤行強行推動「國編版歷史教科書」，也就是要將實施了十五年的「審定版」收回國編。她意圖美化父親朴正熙的軍事獨裁以及他的「親日」行為，並執意在二○一七年三月自己任內的新學年度，要將國編版歷史教科書普及全國中學使用（二○一七年十一月為朴正熙的百歲冥誕）。這本意圖美化朴正熙獨裁的國編教科書，被全國歷史教授與教師譏為「孝心課本」。由於「審定版」歷史教科書的執筆學者，全部拒絕受聘撰寫，於是另外找了一批不敢具名的學者，以黑箱作業的方式來撰寫「國編版」，後來更被揭發沒有一位是歷史學者。

沸沸揚揚喧騰了一年多的「國編版」事件，在全國六千多所高中的抵制之下，只有朴槿惠故鄉大邱旁的慶山市文明高中的董事長與校長表態要使用，但仍遭到全校學生、家長的抵制，全校歷史教師甚至集體辭職抗議。國編版歷史教科書演變至此，耗費巨額公帑，結果是失敗收場。

「閨蜜門」爆發，人民忍無可忍

二〇一六年十月中旬，韓國媒體揭發朴槿惠命令文化部長趙允旋與青瓦臺秘書長金淇春連手，將九千四百七十三名影視與藝文界人士列入黑名單，取消對他們的補助。其中包括最知名的「國民影帝」宋康昊與導演朴贊郁等人。他們曾因公開表態支持反對黨政治人物，或批判政府當局處理世越號船難失當，甚至包庇與隱匿事實真相，觸怒當道而遭到報復。

在此之前，梨花女子大學被指控為崔順實的女兒鄭幼蘿大開方便之門，讓她以馬術特技生特權入學，而且整學期沒有上學、未交報告也有成績，在校內引發學生示威，逼使校長崔京姬辭職謝罪。此外，韓國財閥企業組成的「全國經濟人聯合會」所屬會員企業，也被指遭到崔順實強索巨額的捐款，給她成立的 Mir 與 KSports 兩個基金會。

十月二十四日，新興的 JTBC（中央東洋電視臺）揭發了朴槿惠親信崔順實「干預壟斷國政」的事件，如滾雪球般越演越烈。電視臺並掌握了崔順實的平板電腦裡，有青瓦臺寄給她的電子郵件，朴槿惠透過祕書將青瓦臺的重要公文與演講稿寄給崔順實修改後再寄回。至此已釀成軒然大波，韓國人民無法忍受一個沒有一官半職的神祕宗教「永世教」的第二代傳人，竟然可以干預國家大政到如此地步。而朴槿惠與崔順實的「閨密關係」，幾乎成為此後半年每天媒體的頭條新聞。

韓國人原本期待第一位女性總統的出現可以使韓國社會有所不同，改變「父權主義」（Paternalism）的政治風氣，但沒想到朴槿惠與永世教的關係如此密切，使得全國人民都有被愚弄的感覺，舉國的憤怒於焉而起。

國會通過朴槿惠的彈劾

十月底開始在首爾市中心光化門廣場舉行的和平燭光示威晚會，成為「倒朴」的全民運動。每個週六在全國各大都市的市中心，也跟光化門的燭光示威串聯，這種景象就如同一九八七年的「六月抗爭」，全民的憤怒展現在街頭，當年連白領階級與中產階級都上街激烈對抗軍事獨裁政權；而在已進入民主化時代的現今，韓國人民則是以和平理性的燭光示威為手段，要求朴槿惠下臺或被彈劾。

十一月二十九日朴槿惠第三度發表談話。但在前一晚，執政的新世界黨「親朴派」的議員突然召開緊急會晤，並達成決議，力促朴槿惠總統能維護名譽「自行下臺」。這個倒戈動作引起各界錯愕，但事後再看，這顯然是先「做球」給朴槿惠，讓她在第三度談話時，做了如下的說法：「我將把包括縮短總統任期在內的進退問題，交由國會決定。由政界朝野討論……根據時程與法律程序，我就會從總統位子上離開。」

很顯然朴槿惠仍一意孤行，要以自己編寫的劇本來演出，不願意在民意的壓力之下妥協，或是應觀眾的要求而起舞。結果事態越演越烈，至十二月三日全國集會人數竟高達二百三十二萬人，創下一九八七年「六月抗爭」以來的最高紀錄。眼見大勢已去，連國會都不得不向民意低頭，而在十二月九日以出人意料的超高票（贊成彈劾二百三十四：反對彈劾五十六）通過對她的彈劾案。即使國會已通過彈劾案，但是隔天（十二月十日）首爾光化門前的燭光示威大會仍有將近八十萬群眾參加，而且他們誓言每週六都要持續舉行示威，直到朴槿惠下臺為止。

就在國會通過彈劾案前的十二月六、七日，國會召開聽證會就崔順實仗勢斂財案傳訊九位大財閥企業的老闆作證，儘管他們的辯詞都避重就輕，但是朴槿惠利用職權強行索賄的事證已經非常明確。這些大財閥平常呼風喚雨不可一世，但是面對全民關注，而且是實況轉播的聽證會，卻都低聲下氣、避重就輕，或支吾其詞、答非所問，荒腔走板的演出，讓全民的憤怒無以復加。

大財閥會這樣卑怯，是因為他們都有把柄落在朴槿惠手裡，才不得不對朴槿惠強索的不樂之捐全力配合，在此列舉四家財閥企業的把柄所在。一、三星：接班人李在鎔持股不足，涉及贈與稅與遺產稅的繳稅問題，以及「三星物產」合併「第一毛織」時，「國民年金公團」涉及的弊案；二、鮮京：老闆挪用公款的官司及要求給予開設免稅店的特許；三、現代汽車：因大罷工事件尋求情治單位的協助；四、樂天：要求增開免稅店的特許、父子兄弟的奪權惡鬥（兄求助青瓦臺、弟求助《朝鮮日報》）等。

持續到二〇一七年三月下旬的燭光示威（朴槿惠被收押後改為歡慶集會），會吸引這麼多年輕世代走上街頭，主要原因有三點：一、崔順實女兒特權入學；二、政府對世越號人命的冷血態度；三、國編版歷史課本扭曲史實。這三大理由令人民怒不可遏。

「總統的橫暴，全民的眼淚」

一九九八年金大中執政及其後的盧武鉉政權，十年間全面落實自由化與民主化後，民主化韓流世代的主流價值是「反親日」、「反獨裁」、「要人權」、「要正義」。這樣的價值觀是延續自三十年前的一九八七民主化抗爭。（韓國民主化進程：一九八七民主化抗爭↓一九九八韓流起步↓二〇一六和平燭光抗爭↓二〇一七倒行逆施的獨裁垮臺。）

嚴格來說，朴槿惠二〇一二年的當選就是「獨裁的復辟」。一九七四年她的母親遇刺死亡之後，她長年以長女身分在獨裁者父親身邊扮演第一夫人的角色，或許受父親影響，養成她獨裁威權的性格。

這也是近年韓國年輕世代嘲諷的「地獄朝鮮」的極致展現。在這個充斥「階級霸凌」的社會，這齣爛戲也就是「甲（總統）的橫暴，乙（全民）的眼淚」的寫照。這次事件會引發巨大的民怨，原因可歸納如下：一、社會不公的現象暴露無遺，特權橫行為非作歹；二、社會貧富差距持續擴大，富益富、貧益貧；三、世代不正義，年輕世代的失業率高居不下，幾乎翻身無望；四、朴槿惠當政非但沒為人民帶來幸福，反而比威權統治時代更獨裁與惡質。

韓國人細數朴槿惠從上任之前，到被罷黜為止的惡行惡狀，大致可以歸納出下列各項：一、國家情報院直接干預捏造總統大選的輿情（二〇一二年十二月）；二、國家情報院對「世越號」沉船與不澄清真相的連環套陰謀（二〇一四年四月）；三、對 Kakao Talk（韓國民眾常使用的一款免費通訊軟體）用戶的監聽（二〇一四年十月）；四、國家情報院介入「十常侍」鄭潤會事件風波（二〇一四年十一月）；五、國家情報院引進駭客程式，國情院職員 Matiz 自殺（二〇一五年七月）；六、韓國史教科書「國編化」，推動歪曲歷史（二〇一五年十月至二〇一七年五月）；七、關閉「開城工業區」，無視投資企業一兆韓元損失（二〇一六年二月）；八、農民白南基遭水柱攻擊致死，並捏造死因（二〇一五年十一月至二〇一六年十月）；九、製作文化藝術界黑名單，徹底執行政治報復（二〇一六年十月至二〇一七年五月）。此外，還有無數貪瀆事件：「鄭雲浩門」、「Nexon 禹柄宇門」、「朴秀桓門」等。壓倒駱駝背上的最後一根稻草，則是崔順實直接干預國政（二〇一六年十月二十四日 JTBC 電視臺揭發）。

韓國國內輿論普遍認為朴槿惠至此已集結仇恨、報復、獨裁性格、冷血、邪教附身等形象於一身。韓國人原本對南韓第一位女性總統的期待，至此不僅落空，還相當失望。

崔順實與青瓦臺核心幕僚安鍾範、鄭浩成先後被收押調查之後，檢方從他們的供詞而將朴槿惠列入「共犯」。理由是：一、濫用職權；二、洩漏公務機密；三、強行索賄。至此，朴槿惠在「閨密干政」事件中的違憲與違法的事證已經非常明確。

其實，在上述的「失政」當中，引發民怨最大的關鍵就是「世越號」船難事件。她從頭到尾展現的「冷血」與「無能」，讓全民怒不可遏。尤其是她當天失蹤七小時，後來被揭發有七十五分鐘是請兩名專屬的美容師進青瓦臺替她「做頭髮」，之後又去整形醫院打肉毒桿菌，這樣的冷血無情是她壓垮自己的最後一根稻草。

南韓第三位被收押的前總統

朴槿惠的父親朴正熙採取高壓集權統治，雖然對民主與人權的成績是零分，但至少他對經濟發展的成就甚有貢獻，把韓國經濟從廢墟中快速救起，而讓多數韓國人感念；相較於此，朴槿惠喊出發展「創造型經濟」的口號，三年半來證明只是一場斂財的騙局。

從競選期間包裝出來的溫柔婉約、親民的形象，四年之後終於被拆穿了真面目。當初投票支持她的近五十一．六%的選民，無不在錯愕中認清自己「選錯人」的事實（尤其是她大邱的鄉親）。國會通過彈劾後，又經過「憲法法庭」的全員通過罷免的裁決，而憲法法庭也是依循民意來做判決。所以可以說，朴槿惠是因自己的「惡政」而被「人民政變」所推翻的。

醜聞雖然讓絕大多數的韓國人覺得很羞恥（連朴槿惠不來往的弟弟朴志晚都說讓他丟臉到「頭都抬不起來」），但是對韓國也絕非是負面的效應。「閨密干政」事件最大的貢獻，就是促成韓國社會的「全民大團結」，不論左派或右派，也不論進步或保守陣營，大家有志一同地「倒朴」，除了極少數的「親朴派」人士或受惠於她的既得利益者之外。

朴槿惠雖然仍未蓋棺，但是她的歷史定位已經完成：「她的執政是獨裁遺緒的復辟：一個封建時代的獨裁者，統治民主時代的人民。當年獨裁的歷史創造了她；今天的民主人民創造了歷史，請她滾蛋！」憲法法庭的彈劾罷免案全員一致通過之後，二〇一七年三月三十一日檢方進一步將朴槿惠收押調查，成為繼全斗煥、盧泰愚之後，第三位被收押的前總統。二〇二一年一月十四日最高法院以收賄、濫用職權等罪名，判處朴槿惠二十年徒刑定讞。

但是朴槿惠自始至終並不承認自己犯罪，她甚至自認總統是「超憲法」與「超法律」的。她父親靠政變掌權的獨裁時代，確實是無視憲法的存在，但是人民經過三十多年民主文化的薰陶，已經不再接受獨裁的統治。被她獨斷獨行開民主導車之後，人民終於發現她根本就是被崔順實玩弄在掌中的戲偶。

她在拘留所中經常會面對牆壁喃喃自語，沒有人知道她在說些什麼。拘留所曾經考慮把她送到精神病院治療，但因茲事體大而且會成為國際笑話，所以後來並沒有這樣做。不過，大多數韓國人都已知道她確實是一個「重度精神病患」，只是他們不願說出來，因為被一個精神病患統治了四年，實在太丟臉了。

二〇二一年十二月中旬，文在寅總統宣布給予朴槿惠特赦，坐了四年多牢房但是保外就醫中的朴槿惠，看診紀錄中就包括了「精神科」。看她坐在輪椅上恍神的表情，特赦之後也不可能重起爐灶，發揮她的政治影響力了。

朴槿惠當選給台灣的啟示

主持人：酥餅／美國知名大學管理學教授、知名部落客（酥餅的部落格）
與談人：朱立熙／韓國專家，知韓文化協會創辦人

酥餅：
今天我們很高興邀請到台灣少數，而且是真正的韓國專家朱立熙老師，來跟我們聊一下二〇一二年十二月十九日落幕的韓國大選。

朱立熙：
我現在在首爾，跟酥餅在美國跨洋連線。網路世界，空間變得沒有意義，所以我們都不在台灣，但是可以跨洋連線來談別的國家的事情。

酥餅：
我覺得很重要的是說雖然空間沒有意義，但是當我們在看外國的事情的時候，所謂的國際觀，其實是要建立我們自己的國際觀。

韓國政治簡介

我在想台灣的人，包括我自己，對韓國其實都不熟，所以我們開始談大選之前，是不是請朱老師先幫我們介紹一下韓國的政治。我們先從韓國主要的政黨開始談起。這次贏得韓國大選的朴槿惠，她的政黨，我看英文叫做 New Frontier Party，中文的翻譯有點混亂，有的叫新未來黨，有的叫新國家黨。

朱立熙：它那個政黨的名稱是指世界，純韓文，沒有漢字。比較多的媒體把它翻譯成新世界黨。新世界黨是延續之前的大國黨，那個大國黨的黨名也沒有漢字，大國黨、大國家黨，也有人把它翻譯成韓國家黨，因為是純韓語，你可以有不同的解釋。

酥餅：我們就叫它新世界黨好了。

朱立熙：它是延續大國黨來的，它改名也是為了丟掉過去的包袱，用新的名字，看能不能另創品牌。韓國政黨這種屬性很特別，以前「三金」——金大中、金泳三、金鍾泌的時候，他們雖然是政黨政治，但是是「屬人政治」，個人屬性非常強烈，支持金大中的黨，支持金泳三的黨，支持金鍾泌的黨，所以他們後來變得有「人在黨在，人亡黨亡」這樣的說法，就是政黨隨著那個領袖的存在而存在，隨著領袖的消失而消失。

這一次的大國黨是延續之前的保守陣營，韓國基本上從朴正熙政變，掌權獨裁十八年，之後全斗煥又是軍事政變，獨裁統治九年，然後到盧泰愚，這些執政的勢力一直到金泳三。

韓國政治的地域仇恨

大家知道韓國歷史上有所謂的「三國時代」，北韓那邊叫做高句麗，南韓再從中間把它剖開一半，南韓右邊的叫做新羅，左邊的是百濟，新羅人跟百濟人是一千多年的世仇，以前國王任命新羅人當官，或當宰相的話，就排斥百濟人；百濟人當官的話，就排斥新羅人。歷史上的黨爭造成他們很深厚的世仇。這個原因是因為中間隔著一個小白山脈，就像台灣的中央山脈一樣。韓國這種地域仇恨——台灣有省籍情結，韓國人有地域仇恨，是新羅人跟百濟人的千年世仇。戰後從朴正熙以降，全斗煥、盧泰愚、到金泳三，都是新羅人當家。

酥餅：

都是新羅人，同時也是現在的新世界黨的勢力嗎？

朱立熙：

對，所以他們就打壓百濟人。所以金大中會當了三十幾年的在野黨領袖，一路被打壓，受到政治迫害，就是因為是百濟人的關係。後來到一九九七年十二月金大中當選，才是百濟人一千多年來出頭天，那真的不簡單！那不是只是政黨輪替而已。你們知道新羅人跟百濟人的世仇仇恨到什麼地步？他們到現在為止還不通婚。（酥餅：比台灣的省籍對立還嚴重。）對，我講這話一點都不誇張，大家互相看不起對方。所以我一九八〇年代初在韓國讀書的時候，漢城的人告訴我說：「光州的人真是壞！漢城的小偷跟妓女都是光州人。」因為新羅人當家，充滿了優越感，他們就故意講新羅腔調的韓國話，擺明了看不起百濟人。這樣的情況下，百濟人一直被打壓。因為這些保守勢力當家，軍事政權、威權政府，所以韓國基本上他們的選民結構，大概是這樣區分。

韓國保守勢力簡介

酥餅：所以新世界黨可以把它區分為像台灣的國民黨嗎？

朱立熙：對，就像台灣的藍營，他們的選民差不多占六成，跟台灣的藍綠比：六比四，那個結構差不多。所以二〇〇二年盧武鉉接替金大中，以金大中的接班人當選，他們能夠兩任十年的自由派、進步派的政權，就是六成當中有差不多一成的人轉過來支持進步派，才讓進步派的人能夠當選。金大中的時候是這個樣子，盧武鉉的時候也是。但是，也只有十年兩任而已，到二〇〇七年十二月選舉的時候，因為盧武鉉末期經濟搞得一塌糊塗，人民怨聲載道，所以後來就把期望寄託在李明博的身上，李明博因為是企業界出身，CEO當政，對他的希望當然是擺在經濟面，但是這五年來李明博的執政也讓韓國人怨聲載道，原因是什麼？因為李明博是企業界出身，他雖然是CEO的總統，但是他只會圖利大財閥。朴槿惠以後會怎麼對付李明博還不知道，但是如果是政黨輪替的話，李明博一定坐牢。他一路都說要捐出薪水、捐出財產，講是這樣講，但是他可以從別的地方得到更多的回報。李明博任內好幾個案子都牽涉到錢，所以韓國人民對他的認知是「只會搞錢的總統」。如果他下台之後，朴槿惠要辦他的話，圖利罪絕對是跑不掉的。

酥餅： 所以可能沒有辦法打破韓國的總統魔咒，每個總統的下場都不好。

朱立熙： 對。所以圖利商人、圖利大財閥這種罪名他一定是躲不掉的，也就是因為這樣，所以韓國人後來就覺得，是不是換一個情況，讓一個女性來當家，但是選出來這樣子的獨裁者的女兒，坦白講，我認為是開民主的倒車。

韓國進步勢力簡介

酥餅： 是。所以這是談到新世界黨，也可以把它類比為台灣的國民黨。另外一個政黨就是這次落敗的民主統合黨，朱老師是不是幫我們介紹一下民主統合黨？

朱立熙： 民主統合黨就是延續著當年一路過來被打壓的反對陣營——金大中陣營、金泳三陣營這樣的反對勢力，所謂自由、進步、改革派，他們的基礎當然就是百濟、光州這邊，南韓的左半邊。所以六比四的這個結構要怎麼打破，以金大中跟盧武鉉的情況，就是因為保守陣營有一成多的人倒戈過來進步派，所以他們當選。這一次的情況，我覺得從選舉的結果來看，應該說韓國的泛藍整合成功，但是泛綠整合沒有成功。（酥餅：就是說同床異夢。）對。泛藍在鴨子划水的情況下慢慢在整合，鞏固了自己支持的基盤，五十、六十歲那些保守、打過韓戰那些世代，把他們鞏固住，支持率、投票率非常高，支持率超過七成，然後他們又拉攏了新的年輕世代，那些沒有反省能力、沒有思考能力的年輕人。所以朴槿惠也知道這個國家的選民結構，四十歲以下的選民占了六成，這六成她只要得到過半，得到五成以上年輕族群支持的話，她就已經贏了一半了。

酥餅： 一定贏的嘛，因為她本來就有五十到六十歲的大部分的支持。

朱立熙： 對！所以我覺得這一次南韓的自由派，所謂的民主統合黨大意失荊州，他們認為說他們改革的形象會得到年輕人的支持，結果沒想到，很多年輕人固然是支持文在寅，但是也有很多自由派、期望改革的人，他們對政治冷感，並沒有被激發出來，所以他們選擇逃避，甚至選擇出國旅行，這樣的情況下，我覺得很可惜，就是說韓國的泛藍整合成功，但是泛綠整合失敗，所以這次落敗。

酥餅： 另外，韓國還有兩個比較小的政黨，一個叫做統合進步黨，本來這一次也有一個候選人李正姬，朱老師是不是幫我們介紹一下。

朱立熙：

統合進步黨以台灣來講的話，等於算是台聯，或是更基進的台獨的黨，（酥餅：建國黨或綠黨。）它基本上是基進左派，基進左派在韓國是極端的少數，基本上他們本來就不可能當選，但是這個李正姬出來就是有點想要幫進步派這一邊一點忙，到後來退出。李正姬本人是律師，是人權律師出身，口齒非常清晰，而且頭腦非常清楚，非常犀利的，充滿批判力，就是典型的一個好律師的角色，因為她曾經幫光州事件之後的轉型正義，扮演一定的角色，在韓國是非常受到年輕人歡迎和支持的一個進步派律師。他當然知道自己選不上，在兩黨的壓縮之下，根本沒有他們的空間，但是統合進步黨他們還有一些國會議員，至少在國會可以發揮像台聯那樣的角色。

韓國政黨與台灣的類比

酥餅：

我們剛剛花了點時間概述了一下韓國的政黨，其實跟台灣還蠻能類比的，就是世界黨是國民黨，可以把它這樣理解；民主統合黨是民進黨，統合進步黨就有點像台聯或建國黨，自由先進黨就有點像親民黨。那韓國的國會，雖然我們在談大選，但是去年四月他們國會其實也剛改選，我們是不是花一點時間來談韓國國會的選制跟他們總統的選制，跟台灣有什麼不一樣？

朱立熙：

韓國的憲法這次一直沿用到目前的，是一九八七年十一月國會通過，經過公民複決，通過了總統直選的憲法。之前在一九七〇年代直選過，但是因為朴正熙要獨裁，修憲把憲法改得亂七八糟，改成是間接選舉；朴正熙遇刺之後，全斗煥繼續沿用那個間接選舉的制度。然後全斗煥因為政變，不得人心，再加上鎮壓光州，激起全國的憤怒，後來轉型正義的時候，包括在民主化抗爭的時候，大家要求恢復到一九七〇年代初曾經有過的總統直接選舉，所以人民展開在街頭的抗爭，後來迫使執政者向民意投降，全面接受民意提出的訴求，在一九八七年十一月通過這個憲法，規定總統直接選舉，五年單任，不得連任。

為什麼韓國總統不能連任

酥餅： 這個很有趣，為什麼他們當初會做這個決定？

朱立熙： 這個問題很好玩，我自己也曾經想不通。到二〇一一年八月駐台北的韓國大使具良根代表要回去之前，請了一批綠營高層的人去官邸吃飯，我們就問他說你們韓國人為什麼設定五年單任不得連任，那個大使回答得很妙，他說，以過去我們的經驗，四年制的總統，做完第一任之後，他連任成功的話，第二任一上任之後，他的整個思想就改變了，他就開始斂財，幾乎百試不爽。所以韓國人為了不讓總統有連任的機會，所以他們設定了五年，因為他們認為說第二任一定會貪污，因為整個心情改變——選舉那麼辛苦，好不容易又贏回政權……。

酥餅：

常常第二任的總統老是要講什麼歷史定位，當他用公權力在追求自己的定位的時候，通常對人民都沒什麼好處。

朱立熙：

但是儘管是改成五年，歷任的韓國總統在第五年的時候，也就是「跛腳鴨」的時候，都會爆出貪瀆舞弊。幾乎百試不爽，從金泳三的兒子因為涉嫌人事關說，還坐牢；金大中也是，他的兒子加上他的親信貪瀆斂財。我想，因為到第五年的時候他開始有危機感，卸任之後要保障自己的老後生活、退休生活。

酥餅：

對，而且也想要掌握權力自保。

朱立熙：

對，他有錢才能夠繼續操控政治。所以第五年，也許不是自己出手，但是是透過他的親人、或是親信來貪污斂財，所以每一任總統最後一年都出事。所以情況是一樣的。但是好處是任期只有五年，不能再連任了，再加上韓國人政治報復的性格很強烈，所以他們的政治清算、政治報復⋯⋯

酥餅：

這一點跟台灣很不一樣，台灣是鄉愿社會。

朱立熙：

沒有錯，韓國人追求正義跟公理的心理比較強烈，對於引起公憤，造成人民不滿的事，韓國人又是集體性的動物，發揮社會集體制裁力量。

酥餅：所以才會有韓國總統魔咒。

金大中是最值得被推崇的總統

朱立熙：

坦白講，幾任下來，我還是比較推崇金大中，雖然最後是他兒子跟他的親信出問題，但是他的操守，他對韓國的貢獻，我覺得是歷任總統無可取代的。他自己本身是政治受難者，他落實轉型正義，而且他任內最大的貢獻是文化建設、婦女地位的提高，所以朴槿惠去祭拜歷任總統的墓園，她也去祭拜金大中的墓園，因為如果沒有金大中提升婦女的地位，在他們政府部會裡面設立女性家庭部，今天韓國人不會選出一個女總統。因為韓國社會是重男輕女、男尊女卑的，本來幾乎是不可能，那今天我覺得金大中對韓國的貢獻，婦女地位的提升，把經濟從谷底救回來、金融危機的風暴救回來；然後是文化建設，最大的貢獻是在網路寬頻的布建，韓國是全世界寬頻網路最發達的國家。（酥餅：所以我們現在連線還蠻順的。）我覺得百濟人當家之後他還更寬容，他不排斥新羅，他把新羅文化跟百濟文化融合，然後綻放出新的文化花朵，再加上網路寬頻的布建，讓韓國的大眾文化這樣蓬勃地發展。我覺得金大中的政策非常偉大，我絕對相信幾年之後韓國人會在鈔票上印這個總統的肖像。

韓國國會選制

酥餅：那我們是不是談一下韓國國會的選制。韓國國會是跟台灣一樣單一選區兩票制嗎？

朱立熙：對，然後四年一任，所以國會選舉跟總統任期有時差，所以韓國也在討論要怎麼樣把國會議員的選舉跟總統選舉可以同步。

酥餅：所以韓國也會有跟台灣一樣，贏者全拿，得票率跟席次落差很大的情況嗎？

朱立熙：對，台灣的比例代表制基本上是學韓國的，（酥餅：所以問題也都一模一樣。）後來台灣的小黨要能成為國會交涉團體、協商團體，必須要有多少席次以上，這也是台灣學韓國的。韓國比我們早做。國會議員選制基本上是一樣。那再回顧去年四月的那個選舉，坦白講，在野黨並不算贏，（酥餅：席次是有小幅增加。）但是整個結構還是朴槿惠領導的新世界黨贏。

酥餅：對，我看資料好像也說那次選舉之後，奠定朴槿惠在黨內的地位。

朱立熙：對，所以朴槿惠被認為是選舉的常勝軍，幾乎每選必贏，沒有輸過。（酥餅：有點像台灣的馬英九。）我覺得韓國的政黨政治做得比台灣歷史悠久，因為他們之前的狀況是獨裁政權的時候，他們只有中央級的選舉，地方首長全部是官派，也沒有地方的議會——在民主化之前。民主化之後，九〇年代才開始有地方的選舉，地方首長的選舉，然後有地方議會的成立。之前因為他們已經有中央級的選舉，國會制度的運作、政黨政治的運作，他們比台灣歷史悠久，而且他們比台灣更早有政黨法，或是相關國會的規範的法律的制定，都比台灣早。

韓國政治主要議題

酥餅：我們在韓國政治簡介最後一個部分，朱老師是不是跟我們講一下韓國政治上主要的議題有哪些？

朱立熙：從李明博到朴槿惠這兩任總統，還是主要是民生經濟，拼經濟還是最大的議題，是選民對政治領袖的期待。

酥餅：那保守陣營跟進步陣營對經濟有不同的看法嗎？

朱立熙：今年稍微拉近了，就是整合了，大家共同都以經濟為主，因為經濟做不好的話，根本做不下去。在盧武鉉末期，盧武鉉這個總統，我覺得他是一個悲劇性的人物，他任內不是做不好，他要改革大財閥，追求他的理想：經濟民主化，因為韓國七十六%的 GNP 是操縱在前十大財閥手上。這很可怕啊！這根本談不上經濟民主。所謂「經濟民主」應該就是像台灣中小企業那麼蓬勃發展，每個人都想當老闆，每個人都可以當自己口袋裡鈔票的主人。但韓國的經濟是操控在十大財閥的手上。

酥餅：

所以在韓國如果得罪三星，你可能哪邊都去不了。

朱立熙：

是啊，誰都不敢得罪大財閥！大學生也不敢罵財閥的壟斷或獨佔，他一罵的話，財閥的情報人員的網路是很綿密的，他根本就進不了大企業。所以民生經濟、拼經濟還是這兩任總統最主要的議題。我說盧武鉉很可憐，大家知道日本當年曾經有過零利率，韓國的大財閥就跑到日本去借錢，借沒有利率的錢回來炒地皮，就把韓國的地價、房價——首爾的高級住宅區地價在短短兩三年之間漲了兩倍半，大家怨聲載道。房地產一漲起來，就影響到其他物價波動。那不能怪盧武鉉，而是因為大財閥在操控政治。盧武鉉想要改革財閥，財閥反你，他的方法就是去國外借利率低的錢來炒地皮，那個炒地皮的利潤多高！他借日本沒有利率的資金進來，然後玩自己國家的土地，就害了盧武鉉經濟搞得一塌糊塗，完全沒辦法救回來，這樣的情況下才讓保守的李明博當選。

酥餅：

不過我看了一下資料，這次選舉，保守陣營的經濟政策好像還是比較偏大財團的經濟發展模式，那進步陣營反而有提出要重視分配正義跟限制大企業擴張，是這樣嗎？

朱立熙： 對，但是我記得好像是華盛頓郵報有一篇報導就講說，這次主宰韓國選舉的背後就是三星集團，說保守政權一定跟大財團繼續勾結，所以韓國人已經預料未來五年還是擺脫不了大財團。經濟民主化根本只是口號，做不到嘛！那個結構已經是根深柢固，朴正熙的時候學日本那些大財閥，搞派閥政治，因為朴正熙日本時代是留學滿洲軍官學校的，日語講得非常好，所以他有日本式的思考。他政變掌權之後，他覺得只有學日本那樣的大財閥經濟，所以發展重工業、基礎工業，都由大財閥來做。所以那整個模式根深柢固的結構，根本改變不了。那你怎麼翻轉成為台灣中小企業占多數的經濟民主化的結構？不可能的事情嘛！

酥餅： 那保守跟進步的力量對美國的態度有不一樣嗎？

朱立熙： 保守基本上是比較親美，然後比較反北韓，對北韓採取強硬態度。

酥餅： 那進步力量就相反，疏美親北韓。

朱立熙： 對，基本上是這樣。所以金大中跟盧武鉉那兩任政府就讓美國有點怕。但是棍子跟胡蘿蔔的政策，後來證明北韓是一隻瘋狗，你順著毛摸牠就沒事，逆著毛摸牠一定會被咬；你就給北韓糖吃嘛！後來事實證明，北韓因為金大中跟盧武鉉對它的陽光政策，所以南北韓的關係是有史以來最好的時候；李明博一上台，就喊出「無核開放三千」：不能有核子武器，然後你開放的話，我就幫助你達到國民所得3千美金。但是對北韓來講，所謂無核就是自廢武功，放棄軍事；那開放呢，他看到東歐、蘇聯開放之後，結果就是政權垮台，如果無核、自廢武功再加上垮台，那國民所得三千美金有什麼意義？所以李明博的政策對北韓來講是一種羞辱。所以北韓對李明博的態度非常強硬，說出「要讓首爾變成一片火海」這樣的警告，一再地恐嚇。所以證明了金大中跟盧武鉉的陽光政策──給北韓胡蘿蔔吃，然後李明博是用棍子去打它，效果當然大不相同。過去五年來南北韓的關係其實非常緊張，並沒有任何的改善，所以棍子跟胡蘿蔔，證明了胡蘿蔔比棍子有效。

二〇一二總統大選韓國的泛藍整合成功

酥餅：

這大概是韓國政治的大架構。那我們就來討論一下這次總統大選的過程。剛剛朱老師一直提到說這次您覺得最主要的決定勝敗的原因是韓國的泛藍，也就是保守勢力整合成功，但是韓國的泛綠整合失敗，是不是跟我們解釋一下。

朱立熙：

我想如果我們回顧二〇〇八年馬英九的當選，來看這次朴槿惠的當選，有很多可以類比的地方。我們以前不是批判國民黨是外來政權嗎？但是馬英九的當選就完全推翻了國民黨是外來政權這樣的說法。

等於是說國民黨在台灣落實了本土化的效果，由馬英九在台灣被選出來，這樣以後就沒辦法再罵國民黨是外來政權了。

酥餅：就是說馬英九基本上是一個外省籍的候選人，然後跟過去兩蔣的連結很深，但是他在至少形式上公平、公開的選舉，他還是取得多數，所以你很難再講說他沒有台灣本土力量的支持。

朱立熙：對，等於說馬英九的當選替國民黨落實了本土化。然後馬英九當時他的選戰策略就是說他去迷惑那些女性選民，用自己的色相去吸引那些無知的、沒有判斷能力的女性選民，所以他第一次當選。這次情況一樣啊，我覺得朴槿惠的當選是開韓國民主的倒車，大家都不知道，朴槿惠從一九七四年她媽媽遇刺之後，她爸爸發布第九號命令，韓國人把那個時候叫做「九號命令治國時代」，那個比台灣的國民黨戒嚴體制還更可怕——九號命令就是你不准詆毀國家元首、不准組黨、不准結社、沒有言論自由……。

酥餅：基本上快接近是皇帝了。

朱立熙：「九號命令治國」從一九七四一直到一九七九年十月二十六日朴正熙遇刺死亡為止，為什麼講這段歷史呢，這段歷史是韓國政治上最黑暗的一段歷史，然後朴槿惠在她爸爸身邊扮演第一夫人的角色，所以她基本上是獨裁者的幫兇。

酥餅：

所以她不是沒有角色，雖然她那時候年紀很小，但是因為她媽媽遇刺之後，等於是她爸爸到哪邊都帶著她，她等於實質上是韓國的第一夫人，五年的時間。

朱立熙：

沒有錯，一個一九五二年出生的人，在一九七四年才二十二歲，才剛大學畢業的女孩子，就在爸爸身邊當爸爸的幫兇，多麼可怕的思考！她的價值觀，整個都是獨裁的嘛！所以我覺得今天韓國選出這樣的女總統、獨裁者的女兒，我覺得換成國民黨因為馬英九而本土化，朴槿惠的當選應該這麼說：替獨裁者漂白。所以以後韓國人不敢再罵朴正熙獨裁者。

朴槿惠當選不是女性出頭天，而是獨裁者漂白

酥餅：

因為等於說朴正熙的歷史評價在這一次的選舉結果，等於獲得肯定，我們可以這樣解釋。

朱立熙：

沒有錯，所以這等於是開民主的倒車，跟二〇〇八年馬英九當選總統一樣。我覺得很感慨，民主不是一條直線，也不是永遠往前走的，可能你走兩步，退一步；再走兩步，再退一步半；是這樣拉鋸的情況下，進步再退回來的。所以台灣在二〇〇八年馬英九的當選，我覺得朴槿惠是得到馬英九的啟示或啟發，那不能叫做女性當家、女性出頭天，我覺得那個意義完全不一樣！所以台灣人如果很簡化地去從女

性當選、女性當家、女性出頭天這樣去看的話，我覺得是完全扭曲了這次選舉背後所顯示的更實質意義。

酥餅：我有看到紐約時報、華盛頓郵報⋯一些美國媒體的報導，事實上很多人在挑戰朴槿惠的當選是女性當家出頭天的這個想法，主要有幾個點：第一，朴槿惠基本上她的政治受到父權的庇蔭；第二，她在當選之前很長時間當國會議員，其實從來不關心女性議題。所以，如果說一個女性靠父權的庇蔭，然後從來也不關心女性議題而當選，這樣的女性是不是可以解釋成女性出頭天，我想是有一個很大的問號。

朱立熙：沒有錯。所以我今天坦白講，不是因為我是支持韓國自由進步派而反朴槿惠，而是因為瞭解韓國政治發展的脈絡，（酥餅：你很難去下女性出頭天這個結論。）我接受公共電視的訪談也是這麼說，我個人是完全沒辦法接受朴槿惠當選的這個事實，這是開民主的倒車，但是韓國過半數的人選擇她；我也預言：韓國人等著吧，看五年後韓國人民會怎麼評價朴槿惠。

韓國的泛綠為何整合失敗？

酥餅：剛才朱老師說到韓國的泛綠整合失敗，韓國泛綠之前有3個候選人：文在寅、安哲秀跟李正姬，朱老師是不是跟我們介紹這三個人，還有他們整合的過程。

韓國的泛綠缺乏全國性領導人物

朱立熙：

坦白講，這三個人政治歷練都不夠，然後韓國泛綠陣營在盧武鉉自殺死亡之後，金大中在三個月之後也過世，韓國泛綠陣營就失去了全國性的核心人物、核心領導人。所以二〇〇七年李明博當選，泛綠陣營幾乎推不出比較像樣的候選人。這一次文在寅跟安哲秀兩個人；李正姬那個極端的左派政黨先不談；文在寅基本上是盧武鉉的秘書長出身，（酥餅：像陳唐山跟陳水扁的關係。）可能他輩份沒有陳唐山那麼高啦。

酥餅：

陳唐山自己還有台獨聯盟的歷練，文在寅就完全只是秘書而已。

朱立熙：

沒有錯，雖然也是人權律師出身，但是他從政經驗只有當不到一任的國會議員。安哲秀是「網路之神」，他發明防毒軟體，本來可以賺大錢，但是他把它讓網友免費去下載，他在網友的心目中幾乎是個神。

酥餅：

他還是個醫生，還有工程學位。我看這個人是蠻優秀的。

朱立熙：

他的狀況是，他雖然在年輕世代、年輕族群的支持力量很高，但是他基本上沒有政治的 sense。

安哲秀缺乏政治經驗

酥餅：所以是個聰明人，但不是個政治人。

朱立熙：對，一開始的時候他的態度非常曖昧，大家都不知道他到底要不要選。到他決定參選之後，大家原先有些期待，但是畢竟他沒有政治的歷練，沒有從政過，沒有自己的支持勢力，加上沒有政黨的奧援，到最後他心不甘情不願地含淚退選，那個動作做得很不漂亮，雖然他呼籲大家支持文在寅，但是年輕選民都看得出來他不是心甘情願的，他錯失了很多對自己有利的時間點，也流失了很多選票。他退選之後，大家才發現他畢竟不是從政的料。

酥餅：所以朱老師的意思是他如果在氣勢還很好，統合黨也還沒推出候選人的時候就積極表態參選的話，有可能統合黨會讓他？

朱立熙：對，那可能會是橫掃。那就像二〇〇二年四月，盧武鉉刮起一股「盧風」；二〇〇二年韓國不是辦了世界杯足球賽嗎？當時聲望最高的是鄭夢準。到六月、七月世界杯足球賽辦完，鄭夢準聲勢本來是最高的，但是盧武鉉夾著一股盧武鉉旋風，到最後鄭夢準知道自己比不上盧武鉉。所以盧武鉉從刮起盧武鉉旋風一直到當選，只有八個月；安哲秀如果掌握機先的話，他八個月前就開始營造這樣的氣氛的話，真的會把文在寅比下去。（酥餅：文在寅就不得不退讓。）對，他是自己錯失了聲望最高的時機。所以終究不是搞政治的料。

二〇一二大選中的國情院事件

酥餅：這大概是這次幾個主要候選人。我們是不是來談一下，這次整個總統選舉的過程，有哪些重要的政見跟重要的事件？因為好像選舉前兩天有一個「國情院事件」是不是？

朱立熙：對，那個情況有點像水門事件一樣。

酥餅：我看資料好像是說文在寅的陣營控訴國情院；國情院有點像我們的國家安全局，國家情報機關；控訴說國家情報機關好像裡面有一群職員有系統地在網路上毀謗文在寅。

朱立熙：對，養了一批人來毀謗文在寅這邊。

酥餅：這好像跟台灣選舉行政不中立有點類似？

朱立熙：這次選舉不只是行政不中立，媒體也不中立，非常可怕！而且李明博在操弄媒體，就跟金溥聰在操控媒體的狀況一模一樣，而且比他更高招。

韓國三大媒體與保守陣營關係較好

酥餅：所以韓國主要也是三大媒體，而且好像也都是跟保守陣營關係比較好是不是？

朱立熙：對，他們成為既得利益勢力——朝鮮日報，等於韓國的聯合報；朝中東——韓國人講的朝鮮日報、中央日報跟東亞日報，年輕人基本上不看這三份報紙，他們是從網路上看新聞。（酥餅：所以這種狀況也跟台灣有點像。）就是統派媒體嘛！統派媒體掌握了所有的言論、所有的發言權。所以國情院事件統派媒體幾乎不報導，或是做小、做成對自己有利的方向。所以到後來變成是文在寅陣營在做選舉操作，反而被反抹黑。對這個情況，這次幾個跟我一起來觀選的年輕人都非常憤怒，說這是一場不公平的選戰。不只是行政不中立，媒體也不中立，整個情勢就是一開始就對韓國的泛綠陣營不公平。

對朴正熙的評價

酥餅：

這次選舉剛剛朱老師也有提到，一個很重要的議題就是對朴正熙的評價。朱老師怎麼看這件事？

朱立熙：

朴槿惠為了得到一些進步派勢力的選票，她在選舉過程中為她爸爸當年的反民主、鎮壓民主、蹂躪人權的事件表示遺憾和道歉，但是這只是選舉考量，只是選舉的策略跟需要。朴正熙這個人的歷史定位應該是說，他對經濟發展確實是有貢獻，「漢江奇蹟」，但是他為了經濟發展，他鎮壓了民主，讓人權沒辦法得到保障，而且濫殺無辜，這些罪名卻是他逃不掉的。所以應該怎麼評價這個人，就是說他經濟發展我們給他一百分，但是他在民主跟人權是零分。

經濟發展真的是獨裁者的功勞嗎？

酥餅：

不過我一直在想，那個經濟發展真的是獨裁者的功勞嗎？因為就像同一個時間，台灣也一直說蔣經國發展經濟，但是那個會不會跟整個美國企業國際布局供應鏈的角色分配有關？

朱立熙：

當然有關！絕對有關係！今天南北韓的發展差距那麼大，就是因為北韓走的是反美、反日的策略，南韓走的是親美、親日這樣的路線。不過朴正熙也確實是有那種獨斷獨行的獨裁性格，說做就做、蠻幹硬幹的魄力，對經濟發展是有貢獻；但是民主發展簡直是一場糊塗、慘不忍睹的狀況！所以韓國後來在轉型正義的過程之後，那些人權團體、制度性的機構，像民主化審議委員會，你在民主化的過程中參加學運、參加示威受到迫害，或是在威權政府時代受到政府迫害，你可以跟這個民主化審議委員會要求賠償。之後又設立真相和解委員會。二〇〇一年設立了國家人權委員會。這些制度性的機構設立的過程之中，立法的過程之中，才能夠把這些過去的歷史拿出來翻案，才證明了當年朴正熙的惡行劣跡，（酥餅：斑斑可考。）對民主跟人權的迫害是太可怕了！我覺得那個情況是有很多東西朴正熙是學自台灣的中國國民黨。

朴槿惠的道歉只是選舉策略

酥餅：

我看美國的報導，一直到二〇一二年九月，事實上朴槿惠都還站在幫她的父親辯護的地位，包括朴正熙那個時候有一個「人民革命黨事件」，就是羅織罪名，然後槍斃了八個人。二〇〇七年的時候韓國的最高法院事實上已經翻案了，就是說這是冤錯假案；但是一直到二〇一二年九月，朴槿惠還在說關於人民革命黨事件，事實上有兩個不同的審判，意思就是說，是不是冤錯假案，她還不願意承認。所以就是符合剛才朱老師講的，到九月她其實也還沒有真的覺得她父親所做所為是真的有錯的。她到最後真的道歉，其實是因為那個時候她的民調掉下來了。所以她的道歉，朱老師看來是真心誠意的嗎？

朱立熙：

絕對不是！選舉策略而已。為了選票啦！我絕對不相信朴槿惠的那些反省、道歉是有誠意的，那是鱷魚的眼淚啦！你們真的不要相信她！

酥餅：

但是韓國人是不是信了呢？

朱立熙：

我相信有些不懂事情的年輕選民是被騙了。

老人為什麼支持朴槿惠？

酥餅：

還有一個我覺得比較有趣的是，這次選舉完，有一些評論是說，因為朴槿惠獲得很多老年人的支持，尤其是她在五十、六十歲這一代獲得將近七成的支持，壓倒性的勝利，所以有一個理論是說，這些老人可能是對現在的經濟不滿，所以有一點懷念威權；但是我也看到有人有不同的看法。想請教朱老師的是，第一個，現在韓國的經濟真的有很不好嗎？第二，如果同屬保守陣營的李明博把經濟搞得很差的話，這些人也沒有道理會去支持同屬保守陣營的朴槿惠。所以這些老人支持朴槿惠真的是因為經濟不好而懷念威權嗎？

朱立熙：

我覺得老人支持朴槿惠可以瞭解，因為他們可能是韓戰世代，但是他們的情況是，他們等於台灣泛藍陣營裡面的深藍，鐵票。

酥餅：

所以那個跟朴槿惠無關，基本上就是深藍的鐵票？不管深藍推誰出來，他們都會支持？

朱立熙：對，鐵票的鞏固，這是她贏的第一步策略。經濟確實不好，特別是經濟不好的受害者是年輕世代，韓國大學生的失業率非常高，大概是台灣的兩三倍。

韓國大學生出路比台灣好很多嗎？

酥餅：但是台灣都說韓國的大學生待遇比台灣好很多啊！好像大家都很羨慕。

朱立熙：錯！台灣大家都知道二十二K對不對？二十二K乘以四十的話，韓國的八十八萬韓元，剛好一樣——韓國他們叫八十八萬世代；就是大學生畢業找不到工作，韓國現在都是用派遣工，非正式職員，（酥餅：沒有長期契約、沒有福利、沒有退休。）就是約聘制的派遣工，這樣的情況下，這些八十八萬世代對經濟非常不滿！但是有一個情況不能忽視：年輕人在韓國這種尊卑關係、階級意識這麼強烈的社會裡面，年輕人基本上是沒有聲音的，發不出聲音，他們只能針對某一種議題能夠形成全民的共識，譬如說二〇〇八年的反美國狂牛病的牛肉進口，年輕人動員一百萬人街頭示威。但是這八十八萬世代的狀況，他們很難形成一個普遍的共識，讓大家一起上街頭去抗爭，很難，因為那會被歸類為是個別的個人狀況。韓國是僅次於印度種姓制度的尊卑社會，階級意識非常強烈，從李氏朝鮮時代以降的階級，到現在雖然沒有那些名詞，但是階級觀念還是非常強烈。再加上年紀大的那些輩分倫理，年輕人如果不能形成一股集體力量去對抗，（酥餅：很難挑戰那個結構。）老年人根本不理他們，就讓年輕人形成對政治冷感。沒辦法期待政治人物能夠為我們做什麼事，所以他們就逃避。

綠營的年輕人沒有被鼓舞

這次雖然有一些年輕人期待文在寅，期待政黨輪替能夠給他們帶來希望，但是朴槿惠陣營同樣也迎合年輕人的喜好。朴槿惠很聰明，她鴨子划水的情況下，把這次選舉的標誌設計成鮮紅色，紅色代表熱情嘛，鼓舞了年輕人的熱情來參與，出來投票，隱隱約約讓年輕人覺得說「我要展現我的熱情給大家看」。她很聰明，她去買了紅色的球鞋、全紅的衣服，跟年輕人一起跳舞。所以我覺得韓國的藍營的年輕人被朴槿惠鼓舞起來。（酥餅：但是綠營的年輕人沒有被鼓舞。）對，很多人選擇逃避，繼續抱持冷感，他們覺得自己發不出聲音，政治也改革不了這種結構。所以儘管很多年輕人支持文在寅，但是沒有像老年人對朴槿惠七十、八十的百分比那麼高的支持率。真的很可惜！

馬英九與蔡英文的賀電

酥餅：

那我們把焦點移回台灣。在韓國選舉結束之後，馬英九跟蔡英文都針對韓國選舉有發表一些看法。

馬英九的賀電基本上有點無聊，但是四平八穩，第一段是恭喜南韓國民順利經由民主方式選出元首，第二段是說台韓兩國地緣接近，交誼深厚，……希望兩國繼續深化，致力東北亞區域安全，繁榮發展……。蔡英文的感言就不太一樣，她加了很多價值判斷，她的感言內容有三段，第一段是說：「恭喜韓國產生首位女性總統，這樣的選舉結果在韓國的民主發展史上將是重要而且意義十足的一刻，這不僅只是韓國女性從政的劃時代紀錄，更是韓國的民主進程的一個新階段的開始。」所以她第一段定義朴槿惠的當選是韓國女性女權出頭天。那我們剛剛已經討論過了，把朴槿惠的當選當做韓國女權出頭天，其實有點問題。

第二段她說：「朴槿惠女士這次獲得過半韓國人民的支持，除了她個人因素外，我們也不能忽略韓國政府與社會在轉型正義上的堅持與努力，朴槿惠女士在選舉過程中多次為她父親在威權時期所做的種種不義向韓國人民道歉，其所代表的意義也值得深思。」所以蔡英文女士把朴槿惠的當選跟韓國的轉型正義的成果做連結，朱老師覺得呢？朴槿惠的當選是韓國轉型正義的進步嗎？

朴槿惠的當選是韓國轉型正義的進步嗎？

朱立熙：

對不起！我現在必須這樣公開地講，坦白講，台灣的藍綠都不懂韓國，對韓國是瞎子摸象，再加上台灣最近已經一路輸給韓國，所以我們隱隱約約之間，執政黨馬英九政府有相當程度的恐韓症，他以前會用奚落言語的口氣來批判韓國，但是從五月韓國成為二十／五十俱樂部的第七個會員國之後，再加上媒體上大量在報導韓國已經超越台灣，馬政府從此不敢再提韓國，所以他這次會發四平八穩的聲明，我可以理解，因為他怕弄得不好，激起台灣哈韓族的反感。這是第一個。第二，我覺得藍營沒有韓國專家，不懂韓國也就算了，綠營這邊呢，沒有一個「台灣本位的韓國觀」，我覺得很讓人失望！例如說她會把這次朴槿惠當選當做是女權、女性地位的提高，這樣的一個認知，或認為是轉型正義——這不叫轉型正義，這是民主的倒車！韓國選民用另外一個方式來漂白獨裁政權，漂白朴正熙，讓獨裁者的女兒——她的整個邏輯思考、價值觀，全部都是獨裁的，因為她長年在獨裁者的身邊，就像馬英九長年在獨裁者的身邊一樣。這樣的情況下，因為綠營也不懂韓國，也不用功，所以這樣的聲明讓人滿失望的！朴槿惠的當選背後的意義不在於女性的問題，我從來不認為朴槿惠對韓國的女權、女性主義有多麼強烈的認知，金大中反而做得比她好。

蔡英文賀電的三個問題

酥餅：

所以蔡英文的感言，三段裡頭有三個問題，第一個她覺得朴槿惠的當選是女權的進步，這個是有問題的；第二，她覺得朴槿惠的當選是轉型正義的進步，這也是有問題的；第三個問題是，最後一段她說：「韓國選舉的結果告訴我們，在（韓國轉型正義的）這個層面，韓國已經踏出穩健的一步，值得台灣的借鏡。」意思就是說，如果今天當選的不是朴槿惠，而是文在寅的話，韓國的轉型正義似乎就沒有進步了。我覺得做為一個主要的政治人物，而且有可能成為台灣的總統候選人或是當選人的人，這其實在外交上是一個很大的問題，因為你等於是得罪了另外一半的人。

如何建立台灣本位的韓國觀

剛才朱老師說到台灣的問題是一直沒有辦法建立「台灣本位的韓國觀」，朱老師是不是從這裡再幫我們解釋一下。

朱立熙：

誠如我剛剛講的，台灣的藍綠陣營都不瞭解韓國，對韓國基本的知識都不夠。綠營這邊沒有台灣本位的韓國觀，不知道應該怎麼樣去看韓國，所以蔡英文今天做這樣的聲明，看了讓人失望，邏輯不通。（酥餅：判斷也不對。）朴槿惠當選基本上是獨裁者的復辟，這是一個替獨裁者漂白成功的選舉結果，就像馬英九幫國民黨本土化成功這樣——從這個角度看，意義是沒有差別的。第二，「轉型正義的成功」？這話怎麼說？她如果站在藍營的角度來思考，就是說馬英九的當選是因為台灣大部分人認同國民黨的獨裁統治，那樣子的替藍營漂白；就是轉型正義是從韓國的泛綠陣營、自由進步派陣營來說，朴槿惠得到泛綠陣營、韓國自由進步派的人的瞭解跟支持，等於是第二度的轉型正義。這是非常荒謬的！韓國的轉型正義坦白講，雖然比台灣做得好，但是還沒有完全落實，光州事件的元兇到現在為止還沒有被追究；雖然他們設立了3個國家層次的轉型正義的機構—民主化審議委員會、真相和解委員會、國家人權委員會，制度性的機構設立之後，開始為轉型正義追求真相的過程，他們才發現更多的劣行劣跡，在威權政府朴正熙跟全斗煥時代，有更多的劣行劣跡才慢慢被發掘出來，但是還沒有完全落實。在沒有完全落實轉型正義的情況下，她今天說是韓國轉型正義的成功。那你除了從韓國的綠營，認為是韓國的綠營接納了……

酥餅：獨裁者的女兒，第二次和解，除了從這個角度去理解之外，沒辦法有別的角度。

朱立熙：對啊，這是哪門子轉型正義啊！蔡英文難道忘了自己是代表台灣的自由進步派勢力？竟然去跟泛藍站在同一邊，替泛藍講話？這真的非常荒謬！邏輯不通到甚至讓我覺得是頭腦不清楚。

朱老師的新作《台韓外交關係史》

酥餅：朱老師最近跟韓國的學者合作寫了一本書《台韓外交關係史》，是不是跟我們分享一下從您寫這本書的過程，怎麼理解台灣各個不同世代對韓國的瞭解？

朱立熙：我這本書是從一九四九年中華民國跟大韓民國建交寫到二〇一〇年，廣州亞運會跆拳道「黑襪事件」楊淑君落淚，造成台灣人被所有的媒體盲目地、盲從地煽動反韓情緒。當時我是第一個跳出來「反反韓」——我不是哈韓，但是我覺得台灣人民盲目地反韓，盲目地哈韓都不對，你要建立台灣本位的韓國觀，你要先「知韓」——這到底是一個什麼樣的國家？你認為你跟它平起平坐，甚至你認為你比它優越，你曾經比它好過，但是現在你已經被它比下去了。在這樣的情況下，台灣人的韓國觀，從國民黨教給我們的，對韓國人的優越感、看不起韓國人，到斷交前的「弟弟要欺負哥哥」、「弟弟對不起哥哥」，我們開始有挫折感，然後挫折感之後是更嚴重的受害妄想症，這個受害妄想症一路延續到現在。所以台灣人的韓國觀是非常錯亂的，老一輩國民黨世代，六十歲以上，從中國帶過來的優越感，清朝的時候中國是宗主國，韓國是中國的藩屬；殖民母國跟殖民地的關係，殖民母國的人民當然看不起殖民地的人，有優越感。到南京政府的時候，國民黨幫上海臨時政府，韓國獨立運動在中國，給他們經濟上、財務的支援，認為有功於韓國的獨立建國。所以國民黨把對於韓國的優越感、中國人的優越感帶到台灣來，所以我們的韓國觀基本上是國民黨帶過來的中國人的韓國觀、而不是台灣本位的韓國觀。

酥餅： 但是你現在不是中國，你是台灣。台灣人口有比韓國多嗎？

朱立熙： 台灣人口只有韓國的一半，土地只有它的二・五分之一，為什麼你台灣人會認為你是哥哥，韓國是弟弟、小老弟？韓國人說兄弟之邦，你們台灣人竟然是哥哥，這邏輯不通嘛！所以今天台灣如果不能面對你自己是台灣的事實，而還帶著那種中國人從中國帶過來的韓國觀來看韓國的話，台灣人你會挫折得不得了！今天台灣已經是個沒落的貴族，還不知道自己是誰，還以貴族自居地看待韓國，那不是很好笑嗎？所以台灣人的韓國觀如果不能推翻掉國民黨從中國帶過來的中國人的韓國觀的包袱的話，我覺得台灣還有很多挫折的路要走。

台灣三個世代的三種韓國觀

酥餅：

所以六十歲以上的是瞧不起韓國；四十到六十歲因為正好經歷台韓斷交⋯⋯

朱立熙：

六十歲以上是國民黨世代；四十到六十歲是斷交世代；十四歲以上，四十歲以下的是哈韓世代。所以台灣人的韓國觀老中青三代是不一樣的。（酥餅：而且情緒很複雜。）

哈韓或反韓都要先知韓

所以我覺得不管你哈韓或反韓，你要先知韓。就像戰後日本人撤退，離開韓國，韓國人強烈地反日、仇日，但是他們的學者告訴他們說，你要反日、要仇日，你要先知日，你知日之後才能超日、克日。所以韓國的三星電子在二〇〇一年它的業績第一次超過Sony，成為全世界最大的家電品牌之後，在電子產業這一塊，它達到超日、克日的地步。韓國人一直有把日本人當敵人那樣的心態，（酥餅：但是他先去瞭解敵人。）當然，要先知日，才能超日、克日。所以我現在鼓吹的是知韓，你不要盲目地反韓，也不要盲目地哈韓，先知韓。那本書就寫到斷交，從一九四九年建交寫到斷交。寫的過程中我是蠻挫折的，因為我也受到國民黨的教育，對韓國也曾經有過優越感，但是在比較的過程當中，才發現說二〇〇四年台灣的GNP第一次被韓國超越，到現在已經落差很大了，而且追不回來。經濟建設輸給韓國，經濟發展輸給韓國，文化更不用講，大量的韓流到台灣來，台灣感覺是被文化侵略。經濟輸了，文化輸了，二〇〇六年經建會已經在一篇研究報告裡面做這樣的結論，它在導言裡先把結論提出來：韓國跟台灣原來是競爭者的關係──競爭者是什麼意思？就是「水平分工」，產業發展一樣，大家做的事是一樣的，可以互相採購對方的零件；經建會的結論就說，台灣跟韓國已經從競爭者變成「垂直分工」──什麼叫垂直分工？就是人家在做品牌，你在做代工，你只能幫人家生產零件，因為你的產業結構已經落後了，所以只能做它的下游。所以我的結論是這樣定位台韓關係──台灣之於韓國，等於越南之於台灣。現在事實就是這樣。台灣人那些帶著優越感在看韓國的，你嚥得下這口氣嗎？所以既然結構不一樣，歷史背景不同，社會結構不一樣，民族性不一樣，你跟韓國就不要比嘛！愈比只有氣死自己！我覺得全世界真的沒有第二個像韓國這麼積極進取、這麼上進的國家。

酥餅：

朱老師是覺得就算日本也比不上？

韓國每二十年創造一個奇蹟

朱立熙：

我認為現在是。我說韓國它每二十年創造一個奇蹟，朴正熙一九六一年政變，政權穩固了之後，他第二年開始推動五年經濟計畫，所以韓國的經濟發展是比台灣晚了十到十二年，然後他開始學日本發展大財閥企業，一九六二到一九八〇年代初這二十年，他創造了「漢江奇蹟」，也就是經濟奇蹟；又是二十年，創造一個政治奇蹟──一九七九年，前一個獨裁統治十八年的朴正熙遇刺死亡，然後另外一個政變起來的全斗煥，又是個獨裁政權，所以一九七〇年代的最後一年，到一九九六年轉型正義，兩個政變起家的前總統，被以叛亂罪跟內亂罪司法起訴，判了重刑，轉型正義在一九九〇年代末期得到落實，二十年做到政治奇蹟。我認為他們現在在創造第三個奇蹟——文化奇蹟！從一九九〇年代末期韓流開始到台灣來，那個不算，因為還沒有普遍化、國際化。二〇〇二年世界杯足球賽之後，韓流席捲全世界，到現在剛好十年；過去十年的文化奇蹟，如果再給它十年的話，我不知道文化奇蹟會以什麼樣的方式呈現出來，但是經濟奇蹟、政治奇蹟、文化奇蹟三個奇蹟都落實之後，它會成為亞洲第三個文明，繼中國文明、日本文明之後的第三個文明。你看現在全亞洲多少人在學韓語？

酥餅：

我前陣子在 YouTube 上看一個影片，是韓國的少女時代在歐洲巡迴，我發現台下不是住在歐洲的韓國人，台下都是歐洲人！是歐洲人在瘋少女時代。我覺得就算是日本，所謂的日本文化輸出，也沒有到這個地步過。

朱立熙：

沒有錯。所以每二十年一個奇蹟，全世界真的沒有第二個國家，像韓國這麼積極進取，這麼上進的國家。連日本都比不上，台灣去跟人家比什麼？不需要啦！台灣有自己的優勢，台灣有自己跟韓國不一樣的地方，我覺得這才是值得台灣人去思考的。

韓國選出女總統，台灣也會嗎？

酥餅： 我們來討論最後一個問題。很多人在說這次韓國選出一個女總統，那既然韓國能夠選出女總統，表示說台灣也有可能選出一個女總統，您對這件事的看法是怎麼樣？

朱立熙： 當然，如果你瞭解韓國政治的本質的話，你不會覺得說這次的女總統有什麼多大的意義。但是如果大家都是盲目的，不是深入去瞭解問題，只是盲從的話；台灣確實是有一些無知的，或是盲從的選民，是有可能因為這樣，台灣也選出女總統，但是那樣的話，是因為大家只看表象、只看皮毛，這樣我覺得是有點可笑。

台韓政治一直互相觀摩學習

但是韓國跟台灣的政治發展都是互相學習、互相觀摩、甚至是在互相模仿——阿扁一九九四年當選台北市長，影響了隔年漢城市市長的選舉，當時漢城市市民喊出說「台北市可以，為什麼漢城市不行」，所以他們選出一個反對黨的漢城市市長。這是台灣影響韓國。一九九七年金大中當選，那是政黨輪替，影響了二〇〇〇年阿扁的當選；阿扁的當選不只是政黨輪替，還包括政治的世代交替，從李登輝那個世代到戰後的世代。阿扁二〇〇〇年當選又影響了韓國二〇〇二年盧武鉉，戰後世代的當選。二〇〇七年李明博的當選，保守政權的當選，影響了二〇〇八年馬英九的當選。這是互相在影響。很好笑的是，李明博的七四七政見，在他當選三個月之後就馬上跳票；馬英九的六三三也跟著跳票。台灣怎麼好的不學，光是學人家不好的？

酥餅：

然後馬英九的當選，您剛也講，可能某個程度影響這次朴槿惠的當選，有些策略是類似的。

女總統未必是綠營的女總統

朱立熙：

沒有錯！所以二〇一六年，如果說這次女性總統的當選給台灣一些盲從的、不追究真相而去盲從的話，我覺得是有可能朴槿惠會影響到台灣的未來的女性總統；那在台灣的女性總統是一個跟朴槿惠本質不一樣的，而是改革進步派、自由派勢力陣營的人的話，對台灣的民主發展來講是正面的；但是我覺得朴槿惠這次的當選，大家不應該只是那麼表象地去看待它，比較可怕的是說，如果到時候選出來，不是綠營的女總統，而是個藍營的女總統，那不是很好笑嗎？

比海底更黑暗的人心

——《謊言：韓國世越號沉船事件潛水員的告白》推薦序

坦白說，我是一邊流淚一邊讀《謊言》的，而且在閱讀中一再掩卷嘆息、沉思，斷斷續續讀了半個月才把全書讀完。這是一本非常沉重的書，沉重的壓力就像潛水員潛入深海裡的高壓一樣。

記得二〇一五年四月十六日晚間，我在政大「韓國政治與民主化」的課堂上，放映了駐韓獨立記者楊虔豪為公共電視製作的《世越號週年特輯：被遺忘的痛》。一位女學生當晚在臉書上寫道：「今晚是被朱老師逼看的啊，真的是邊哭邊吃著晚餐，又餓又一直哭……沒辦法，看影片時一把鼻涕、一把眼淚，無法停止。」一看到學生的貼文，讓我充滿了歉疚。

為了寫這篇推薦序，我把二〇一四年四月十六日「世越號」船難的相關紀錄片再複習了一遍，包括：韓國「打破新聞」製作的《世越號慘案一百日特輯：黃金救援時間內毫無作為的國家》、被「釜山影展」禁演，使得影展遭韓國電影界抵制與國際批判的《潛水鐘（Diving Bell）》，以及前述楊虔豪製作的特輯等。這場災難對我本人以及我在政大、臺師大的學生而言，是過去三年間揮之不去的噩夢。

這次船難根本就是「人禍」，我認為前總統朴槿惠即使被判刑後關到死，都不足以補償她的罪愆。在紀錄片《潛水鐘》中訪問到的潛水技術公司社長李宗仁更指控，這是「惡魔集團」蓄意謀殺的罪行。深海底下的黑暗，沒有潛水過的人根本難以想像，但比海底更黑暗的是海面上的人心——泯滅人性的黑心。

二〇一五年五月下旬，我去光州參加「世界人權都市論壇」後，到首爾與老友敘舊。淑明女子大學教授金應教帶我來到光化門，在搭棚抗爭近一年的祭壇前捻香祭拜死難學生。中午時，我與受難家屬、牧師、律師一起用餐，聽他們淚流滿面的講述各個家庭的遭遇與因應對策時，我深刻感覺到經過這個事件的磨難，家屬的心靈創傷其實都需要接受心理治療了。

讀著《謊言》的同時，也讓我想起一部談論死刑議題的韓國電影《執刑者的告白》，它不從受害者與加害者的立場去看待死刑，而是從執行死刑的獄卒（劊子手）角度探討死刑，因為不願再沾染殺人的血腥，獄卒有人提前退休，有人精神錯亂，這是一般人難以想像的狀況。

《謊言》也是一樣，它從世人全然無知的「民間潛水員」角度，看待「世越號船難」這場人禍裡的人性善惡、生命價值，以及更惡質的「謊言」。整個事件被一張「謊言大網」所掩蓋，閱聽眾一再從媒體的誤導中得到錯誤的認知，而這一切都是從中央到地方政府的不作為與無作為，只圖全力遮蔽真相，以免醜化前總統朴槿惠的形象。

更可惡的是，案發後失蹤七小時的朴槿惠，有兩小時是在青瓦臺裡由美容師幫她做頭髮，再到江南的整形醫院打肉毒桿菌。也就是說，她認為自己的外貌比那三百多條人命更重要，這七小時的檔案紀錄未來公開後，必將掀起另一場政治風暴。朴槿惠，歷史會記載妳的暴政與惡行，毫不輸給妳的獨裁父親朴正熙！對世越號船難的冷血無情，就是壓垮朴槿惠政權的最後一根稻草。

《謊言》裡描述的珍島體育館罹難學生親人的哭號場景，也讓我聯想起一九八〇年「光州大屠殺」

後的尚武體育館，家屬跪在幾百具棺木前嚎啕大哭的慘狀。相較於臺灣，韓國大型災難事故的頻率與死難人數多出數十、數百倍，這也是韓國各地都設有創傷療癒中心（Trauma Center）的原因。

由衷期盼臺灣永遠不要發生這樣的災難，也由衷期盼臺灣讀者讀過《謊言》後，能有足夠的智慧與判斷力，不被粉飾太平的謊言所矇騙。幸甚！

（關鍵評論網 2017.9.30. 轉載）

歷史記憶的恢復——從一九八七看二〇一六

看到十一月首爾兩場超過百萬人的大規模燭光示威之後，我實在難掩澎湃與激動的心情，真想再回到光化門示威現場，跟群眾一起呼吸、一起吶喊、一起高唱、一起衝撞，媒體人的熱血又溢滿我的全身。只不過現在身分不同、時間也不許可，我只能在台北的教室、在電視上、或在演講台上，跟學生與觀眾分析韓國的情勢，他們從媒體上已得知最新的發展狀況，我則替他們把歷史背景串連起來，聽得他們興味盎然，甚至目瞪口呆。

拜朴槿惠的「閨密干政」（意指女性閨房密友介入政治，「秘線實勢」的台灣用語）事件之賜，這一個月來，我在台灣成了媒體紅人，有接不完的媒體採訪或電視談話性節目的出演，以及大學社團特講的邀請，連新加坡國營電視台都兩度訪問了我。

相較於四年前朴槿惠當選那一天，台灣媒體都跟韓國人一起歡呼韓國女總統的誕生，我卻預言「這是獨裁者的復辟，是韓國悲劇的開始」，除了台灣的「公共電視」（Public TV Service）之外，沒有一家主流媒體理會我，那種無助的孤獨感，讓我非常悲傷。四年之後「朴槿惠門」爆發，學生跟觀眾們都說：「朱老師真是先知啊」，沒錯，大家不是常說「先知總是孤獨的」嗎？哈哈！

做為一九八〇年代中半韓國民主化運動的見證者，一九八七年「六月抗爭」到最高潮的「爭取民主憲法六一〇泛國民運動本部」成立那一天的下午六時，我在現首爾市議會前的路邊，看到每一台經過的汽車都猛按喇叭，同時發出最高的音量來表達對軍事獨裁的不滿，以及對全民抗爭的支持，那種全民憤怒的聲音，至今仍縈繞在我的耳際，當時我也跟韓國人民一樣熱淚盈眶。

那天下午稍早，我先參加了在獎忠體育館舉行的執政黨盧泰愚候選人的提名大會，散場後走出體育館回到市中心，一路上看到示威的人潮，真是很強烈的對比。當時每天跟我並肩採訪作戰的日本「讀賣新聞」首爾特派員山岡邦彥，跟我年紀相仿，我們都跟街頭的年輕人一樣興奮，一邊採訪一邊躲避催淚瓦斯。做為外信記者，一生有幾次能夠看到這樣的大規模示威的場面呢？採訪六月抗爭，是我們的記者生涯中，最值得懷念的經驗。

一九八七年的「六一〇」（後來被稱為「韓國民主化元年」）之後，又一次周末的街頭示威，我從首爾市廳走到 Press Center 的路上，突然一顆鎮暴警察發射的催淚彈打到我的左手臂，但是沒有爆炸，掉到地上仍然沒有爆炸，於是我把它撿起來帶回家。很開心採訪了那麼多次街頭抗爭，終於第一次撿到催淚彈，我把它當「戰利品」供奉在家裡的電視機上。

到後來盧泰愚發表「六二九宣言」，讓所有的抗爭在一夕之間平息了。七月九日採訪完李韓烈的告別式之後，我回到延世大學校門口，拍了這張這一生最喜歡的戴防毒面具的照片，台灣沒有媒體人像我一樣，有這樣第一線的實戰經驗（我後來寫了一篇「如何避免採訪危險」文章，現在成為各大學新聞科系的教材）。

當年七月下旬，也就是六月抗爭結束一個月之後，我總算才有時間到我家附近的蠶院洞去洗車。洗車工人打開我的後車廂，卻一直打噴嚏，他不高興地問我，「你剛去了催淚彈發射的地方嗎？」我說，

「這一個月來已經沒有任何地方發射催淚瓦斯了啊！」這次洗車的經驗，讓我體會了韓國生產的催淚彈的品質，真的是全世界最高，一個月之後催淚的效果仍然強大，任何可以催淚的原料像辣椒、胡椒、大蒜，以及其他刺激性的化學原料，都被用來製造催淚彈，我經常在演講中告訴聽眾，" Tear Gas, Made in Korea, really the best in the world." 然後全場哄堂大笑。

洗完車回家，我招待了一些韓國與日本記者到我家喝茶聊天。韓國記者看到我家電視機上放著一顆催淚彈，大驚失色地說，「朱兄，電視機會發熱，這顆催淚彈如果因而爆炸的話，你的房子保證三個月不能住。」我也才感覺到嚴重性，於是第二天把這顆催淚彈帶到市廳附近，還給了一名警察。他收得莫名其妙，我也覺得做了一件非常 Stupid 的事情。

三十年前的記憶，因為這次朴槿惠事件，再度讓我連結起來。如果要把三十年的差異做個比較的話，大致可以發現以下幾點：

一、示威抗爭的手段變得更進步、更文明了。經過三十年民主文化的薰陶，群眾不再像過去那樣激情與衝動，過去都是用石頭、木棒與火焰瓶（汽油彈）來攻擊鎮暴警察，現在則改用「燭火」來象徵和平，但是用口號標語來表達憤怒的心情。這樣的理性表達，就是民主與文明進步的象徵。

二、公權力對付群眾示威的方式，也跟著文明而進步了。今天韓國已經不再見到「一石交換一彈」的以暴制暴場面，催淚瓦斯不再使用於示威現場；做為防止群眾衝過封鎖線的阻擋工具，則改用警用巴士一輛緊接一輛的排列，這比台灣的馬英九政權最後一年面對群眾抗爭，用帶有鐵絲利刺的「拒馬」層層包圍，把自己關在總統府裡，形成強烈對比。這是攻防雙方的進步，是非常可喜的現象。

儘管抗爭攻防的硬體變得和平理性了，但是在軟體的「政治文化」方面，我認為三十年來卻沒有進步，而且還倒退了。

韓國的民主化從一九八八年開始，經過盧泰愚政權的五年過渡期之後，總算終結了近三十年的「軍人獨裁政治」；但是隨後而來的「兩金」與盧武鉉政權，卻是「文人地域政治」的時代；然後又回到李明博與朴槿惠的「文人獨裁政治」時代。「獨裁」→「地域」→「獨裁」的循環，到朴槿惠總統達到了極致。

朴槿惠因為在獨裁者父親朴正熙身邊見學的時間，正就是朴正熙制定「維新憲法」企圖三選連任，導致全民激烈對抗，而必須靠「緊急命令」第一號到第九號來統治的時候，一九七四到一九七九正就是「第九號緊急命令治國時代」。朴槿惠根本就是獨裁統治的「幫兇」，如此形成了她的獨裁性格。這也從這次閨密干政事件爆發之後，她獨斷獨行的行事風格，可以得到證明。

跟一九八七年比較的話，我認為這次的情況更為嚴重。不僅是參加示威的人數，達到有史以來最大的規模，當年連屬於既得利益階層的白領階級與中產階級都走上街頭，而且宗教界的聖職者，像神父、修女、牧師、僧侶等，也都挺身上街頭抗爭，當時就能夠感受到民眾對軍事獨裁全斗煥的痛恨；這一次則是不分老少、不分男女、不分階層、不分領域，都帶著燭火上街示威，這種「全民的憤怒」，出身宮廷的朴槿惠公主根本從來都沒有體驗過。

如今已經是二十一世紀的民主化時代了，但是很明顯的，韓國還是被封建王朝時代的獨裁女王所統治。韓國人民好不容易在三十年前經過血淚的抗爭，才爭取到的民主政治，卻被舊思維的反民主領袖開了倒車，走回她父親的獨裁權威的老路。是誰導致朴槿惠這樣的倒行逆施發生，值得韓國人深思與反省。

VIEW 119

這才是真正的韓國

作　者—朱立熙
主　編—李國祥
企　畫—張瑋之
編輯總監—蘇清霖
董事長—趙政岷
出版者—時報文化出版企業股份有限公司
108019臺北市和平西路三段二四〇號三樓
發行專線—（〇二）二三〇六—六八四二
讀者服務專線—〇八〇〇—二三一—七〇五
（〇二）二三〇四—七一〇三
讀者服務傳真—（〇二）二三〇四—六八五八
郵撥—一九三四四七二四時報文化出版公司
信箱—10899臺北華江橋郵局第九九信箱
時報悅讀網—http://www.readingtimes.com.tw
電子郵箱—genre@readingtimes.com.tw
法律顧問—理律法律事務所　陳長文律師、李念祖律師
印　刷—勁達印刷有限公司
初版一刷—二〇二二年八月十二日
定價—新臺幣三九〇元

時報文化出版公司成立於一九七五年，
並於一九九九年股票上櫃公開發行，於二〇〇八年脫離中時集團非屬旺中，
以「尊重智慧與創意的文化事業」為信念。

這才是真正的韓國 / 朱立熙著. -- 初版. -- 臺北市：時報文化出版企業股份有限公司, 2022.08
面；　公分. -- (View；119)

ISBN 978-626-335-755-6(平裝)

1.CST: 文化 2.CST: 社會生活 3.CST: 韓國

732.3　　　　111011777

ISBN 978-626-335-755-6
Printed in Taiwan